从中国到世界系列文化丛书

一卷在握　纵横八万里尽收眼底

世界地理经典故事300

编　　译/李　静　程绍虹
资料提供/徐一鸣　李　鹏

大连出版社
DALIAN PUBLISHING HOUSE

目录 1
CONTENTS

漫游世界第一站 东张西望游亚洲

漫游世界第二站 东张西望游非洲

漫游世界第三站 东张西望游西欧

漫游世界第四站 东张西望游南北欧

目录 2

CONTENTS

目录 3

CONTENTS

漫游世界第五站 东张西望游中东欧

漫游世界第六站 东张西望游美洲

漫游世界第七站 东张西望游澳洲

亚洲是世界七大洲中面积最大、人口最多的一个洲。它的全称是亚细亚洲，意思是“太阳升起的地方”。亚洲位于东半球的东北部，东濒太平洋，南临印度洋，北濒北冰洋，西达大西洋的属海地中海和黑海。大陆东至杰日尼奥夫角(西经 169 度 40 分，北纬 60 度 5 分)，南至皮艾角(东经 103 度 30 分，北纬 1 度 17 分)，西至巴巴角(东经 26 度 3 分，北纬 39 度 27 分)，北至切柳斯金角(东经 104 度 18 分，北纬 77 度 43 分)，在各洲中所跨纬度第二广，具有从赤道带到北极带几乎所有的气候带和自然带。所跨经度亦最广，东西时差达 11 小时。亚洲还是世界文明古国中国、印度、巴比伦的所在地，又是佛教、伊斯兰教和基督教的发祥地，对世界文化的发展有着重大的影响。

漫游世界第一站

东张西望游亚洲

泰姬陵坐落在印度古城阿格拉城郊，距离首都德里约250千米。它始建于1631年，历时22年完成，整个陵园呈长方形，长583米，宽304米，占地面积为17万平方米，被誉为伊斯兰建筑的经典之作，还被列为“世界七大奇迹”之一。

1.举世闻名的爱情丰碑

公元17世纪时，印度处于历史上最鼎盛的莫卧儿王朝统治之下，这个王朝的第五代君主名叫沙·贾汗。他当太子时，娶了一位名叫阿姬曼·芭奴·贝古姆的女子为妃。沙·贾汗当上皇帝后，她就成了皇后。这位皇后不仅美丽聪慧，而且多才多艺，沙·贾汗对她百般宠爱，在后宫与她形影不离，外出巡视也把她带在身边。沙·贾汗还赐给她一个美丽的封号：蒙泰姬·玛哈尔（讹传为泰姬·玛哈尔），意思是“宫廷之尊”或“宫廷之冠”。

1631年，泰姬陪同丈夫出外巡视，途中为沙·贾汗生下了第14个孩子后，不幸去世，年仅38岁。临终之前，悲痛欲绝的皇帝问她还有什么要求，她留给丈夫三个遗愿：一是善待子女，二是不再续娶，三是给她建一座可供人人瞻仰的美丽陵墓。沙·贾汗含着眼泪，一一答应下来。

泰姬死后，沙·贾汗立刻着手实现他对爱妻的最后一个承诺。建陵之前，沙·贾汗亲自选址。为了能与长眠地下的爱妻朝夕相望，他选中了印度北部朱穆纳河的转弯处，这里地处朱穆纳河下游，十分空旷，沙·贾汗站在河上游的阿格拉城堡上，远远地就能望得见。接着他又从波斯、土耳其、印度各地和欧洲国家请来一流的建筑师。他选用本国大理石作为建陵的主要材料，找来中国的宝石、水晶和玉，巴格达和也门的玛瑙，西藏的绿宝石，斯里兰卡的宝石，阿拉伯的珊瑚作为装饰材料，调用建筑师、镶嵌师、书法师、雕刻师、泥瓦工共计2万多人，一天不停地苦干了22年，耗资500万卢比，终于完成了这座美轮美奂的大理石建筑。

泰姬陵规模宏大，由前庭、正门、花园、陵墓主体以及两座清真寺所组成。主体建筑呈八角形，中央是一个直径20米的半球形圆顶，上边镶满了各种颜色的宝石，拼缀出美丽的花纹与图案。陵墓主殿四角各有一座高达40米的尖顶圆塔，它们都向外倾斜12度，若遇地震只会向四方倒下，而不会砸到泰姬的寝宫。这个构思应该出于沙·贾汗本人。即使泰姬不在人世了，他还能为她想的如此周到，那么她在世时又会怎样呢？难怪他们的爱情会羡煞后世的无数男女。

陵前有一条呈十字形的水池，里边碧波荡漾，池边鲜花摇曳生姿，凤凰树绿意盎然。通体透白的陵墓映入水中，就像有两座泰姬陵相互辉映，给这座墓园增添了如诗如梦的奇特感觉，它仿佛成了一座童话中的花园宫殿。

陵墓内部的中央宫室里，有一道八角形的白色大理石透雕屏风，上边嵌满了绿色的宝石，如同闪烁的繁星。屏风后面摆着两副象征性的空石棺（沙·贾汗和泰姬的遗骨放在地下墓穴的石棺

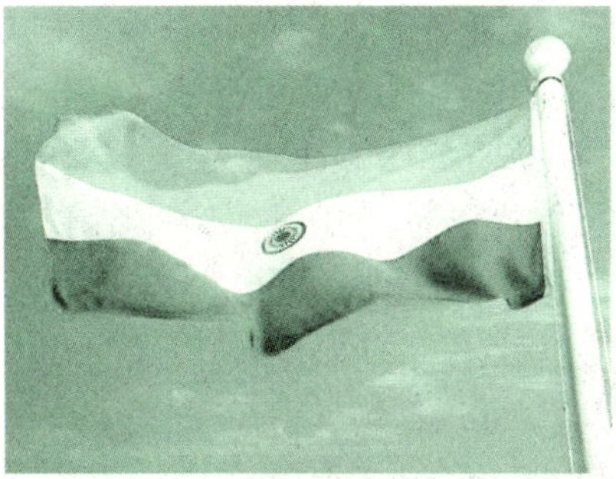

走近印度

印度位于亚洲南部，是南亚次大陆最大的国家，与巴基斯坦、中国、尼泊尔、不丹、缅甸和孟加拉国为邻，濒临孟加拉湾和阿拉伯海。印度国旗呈长方形，自上而下由橙、白、绿三个相等的横长方形组成，白色长方形中心绘有24根轴条的蓝色法轮。印度国徽图案来源于孔雀王朝阿育王石柱顶端的石刻。圆形台基上站立着四只金色的狮子，象征信心、勇气和力量。台基四周有四个守卫四方的守兽：东方是象、南方是马、西方是牛、北方是狮。印度的国花为莲花，国树为菩提树、榕树。印度是世界四大文明古国之一。公元前2000年前后创造了印度河文明。公元前4世纪崛起的孔雀王朝开始统一印度次大陆，前3世纪阿育王统治时期疆域广阔，政权强大。1526年建立莫卧儿帝国，成为当时的世界强国之一。从1757年开始印度沦为英国殖民地，直到1947年印度才获得独立。

里)，棺上布满了彩色宝石和浮雕。这里的窗扇也都采用透雕手法，其中有一门扉窗棂上透雕着花卉图案，以黄金为梗，翡翠作叶，红绿宝石、水晶和玛瑙为花，制作极为精细，就连小叶子上的叶脉都清晰可辨。据说这件绝世珍品出自一位中国的能工巧匠之手。

远眺泰姬陵

莫卧儿王朝流行花园式陵墓，泰姬陵也不例外。它的前部有一座典型的波斯花园，中央有一股喷泉，两行并排的树木把花园划分成四个同样大小的长方形。“四”在伊斯兰教中有着神圣与和平的意思。

泰姬陵建成后，沙·贾汗仍然在位。痴情的皇帝经常坐在阿格拉城堡的阳台上，遥望着远处的泰姬陵。他曾设想在朱穆纳河对面再为自己建造一座黑色的大理石陵墓，与泰姬陵一模一样，中间用半黑半白的大理石架起一座桥，让它穿越阴阳两界，与爱妃相对而眠。可惜的是，泰姬陵完工后不到五年，他的三儿子就弑兄杀弟，篡夺了王位，把父亲囚禁在阿格拉城堡里，甚至不让他看到泰姬陵。在此之后的七年时间里，他每天晚上只能透过一块大水晶石的折射，凝望着远处那团灰蒙蒙的影子。沙·贾汗一直被囚禁至死，尸身才被葬在他心爱的泰姬身旁。

印度门又称“印度战士纪念碑”，坐落在印度首都德里的拉杰巴特街东端，耸立在王子公园中心。它高48.7米，宽21.3米，全部用红砂石砌成。拱门高42米，门上端刻着“印度”的英文字母及修建年代。

2.德里的城市标志

印度有两座印度门，一座在孟买，一座在德里。位于印度人口最多的城市孟买的阿波罗码头上的那座印度门面对孟买湾，是一座融合印度和波斯文化建筑特色的拱门，高26米，建于1911年，样式与法国的凯旋门极为相似。当初建造这座门的目的是为了欢迎来访的英王乔治五世和玛丽皇后，让他们从门下通过，以示孟买是印度的门户。这座拱门现在已经成孟买的象征。

德里的那座印度门其外形也与巴

黎的凯旋门相似，只是个头更大一些，但精致程度略有不及。这座印度门建造于1921年，当时主事的英国殖民政府用它来纪念第一次世界大战中被英国征召参战阵亡的印度将士，也用来纪念同期阵亡的英国官兵。拱门的顶端有一个直径3.5米的圆形石盆，每逢重大节日，盆内就会装满灯油，燃起一米多高的火焰，在很远的地方就能看到。印度门东侧的三根旗杆上悬挂着印度海、陆、空三军军旗，三军卫兵轮流为它站岗值日。

印度门的门洞两壁镌刻着九万多名阵亡将士的名字，其中印度官兵占到七万多。很显然，那个时候印度人是为英国卖命的，因此这座建筑是印度蒙受殖民统治耻辱的历史见证。巴黎的凯旋门可以随意参观、献花，而印度的印度门周围却有栏杆隔离开来，只能远望而不能近观，想来这原因就在于印度门不是一个可以让印度人夸耀的所在。

孟买印度门

3.佛祖的降生地

在梵文中，“兰毗尼”是“可爱”的意思。古时候，天臂国善觉王有位可爱的夫人，名字就叫兰毗尼，善觉王为她建了一座园林，也取名兰毗尼，用意无非是让可爱的地方住着可爱的人。兰毗尼西面有个小王国，名叫迦毗罗卫，其国王称为净饭王，他的妻子是摩耶夫人。公元前623年尼泊尔历正月的望日这一天，摩耶夫人回娘家，途中路过兰毗尼园林，在一株巨大的娑罗树下休息时，生下了一个儿子，取名悉达多·乔答摩。他日后就成了佛教的始祖，被尊称为“释迦牟尼”。“释迦”是尼泊尔一个家族的称号，“牟尼”意为“圣者”，合起来意思就是“释迦族的圣人”。

兰毗尼位于尼泊尔南部兰毗尼专区的鲁潘德希县，从尼泊尔首都加德满都乘车到这里只需半日。这里是一个绿树成荫的小村庄，公元前623年，佛教的创始人释迦牟尼就诞生在这里的一座园林里。

佛教兴旺起来后，兰毗尼作为佛祖的降生地，建起了很多庙堂殿宇，前来朝拜的佛教徒络绎不绝，甚至还有翻越千山万水而来的外国人。据史书记载，第一位来到兰毗尼拜访的外国人是中国晋代的高僧法显，他取道新疆，渡流沙，越葱岭，经印度来到兰毗尼。公元635年，唐朝高僧玄奘去印度取经，专程来到兰毗尼朝敬。

阿育王石柱

在兰毗尼，人们所能看到的与释迦牟尼有关的历史遗迹中，最重要一处就是阿育王石柱。阿育王生活在公元前2世纪，他在位时的孔雀王朝是古印度最强盛的历史阶段。他本人是个虔诚的佛教信徒，于是亲自前往兰毗尼朝圣。他不仅下令免除了佛祖诞生地附近的所有苛捐杂税，还在佛祖诞生的确切地点上立了一根石柱作为标记，并示纪念。不知何时，这根石柱被霹雳击倒，埋入了地下。玄奘来兰毗尼时，这根石柱还在。根据他在《大唐西域记》中的描述，考古学家于1895年发掘出了这根石柱，发现上面还存有阿育王所刻的文字，这足以证明石柱所在地就是释迦牟尼降生之处，兰毗尼园遗址从此闻名于世。

现在，这根6米多高、直径约80厘米的阿育王石柱就矗立在兰毗尼园林中，作为佛教四大圣迹中佛祖诞生地的标志物。

每年的尼历正月望日(农历的四月初八)这一天是释迦牟尼的诞辰日，兰毗尼都要举行盛大的庙会。寺庙中经声不绝，香烟缭绕。当地人将佛祖像放在一辆装饰华丽的木轮大车上，到处巡游，供来自世界各地的佛教徒们朝觐。

4.千年的佛门圣树

印度、尼泊尔、斯里兰卡都是信奉佛教的国家，都地处南亚，都把黄白色树皮的菩提树视为“佛门圣树”。南亚一带古菩提树很多，其中最著名的有三棵。有趣的是，这三棵菩提树一个

阿努拉达普拉古城位于斯里兰卡中北部，在首都科伦坡东北205千米处。它是斯里兰卡最古老的城市，始建于公元前5世纪，公元前3世纪至公元10世纪时，这里一直是僧伽罗王朝的都城，历史上曾繁盛一时。公元993年南印度入侵后，这座城市逐渐成为废墟。

国家一棵。

印度那棵菩提树栽在北方比哈尔邦瓦拉那西东南的菩提伽耶城的大菩提寺（又名大觉寺）内，相传2500年前，释迦牟尼就是在这棵树下静坐七天七夜，顿悟成佛的，人称“菩提圣树”。原来的那棵树早已不在了，但现在这棵树也有近千年历史。尼泊尔那棵菩提树栽在兰毗尼，那里是当年佛祖降生的地方，原来是一棵娑罗树，后来这棵娑罗树死掉了，人们又在原处种植了一棵菩提树。这棵菩提树只有几百年的历史。

斯里兰卡的那棵菩提树栽在古城阿努拉达普拉中一个占地100平方米的高台上，高几十米，树干可几人合抱，枝叶繁茂，苍劲庄重，人称“大圣树”或“大菩提树”。据记载，公元前3世纪时，印度孔雀王朝的阿育王先派其子摩哂陀来斯里兰卡弘扬佛法，后来又派来了他的女儿僧加密多。临行前，阿育王亲赴菩提伽耶，从“菩提圣树”上取下小枝，装进金罐，让女儿带在身边。僧伽罗王朝的帝沙王亲自出海迎接这棵极其珍贵的树苗，还一路护送到阿努拉达普拉。早期印度佛教徒以礼拜菩提树为尊敬和纪念佛陀的方式，随着佛教在斯里兰卡的兴盛，这种方式也传播开来，阿努拉达普拉城中的这棵菩提树也就成了信徒们顶礼膜拜的对象，人们纷纷从它身上取下小枝，分植到全岛各处，如今已成为这个岛国的神圣标志。

这棵大树至今已有2300多年的历史，堪称世界上的“古菩提树之最”。这里每天都有大批来自各国的游人和僧侣参观朝拜，他们在离地不高的树枝上挂满了各色祈福的布条。高台周围建有金色的铁栏杆，台前有一个供灯台，灯台有好几层阶梯，上面摆着近千个小陶碗。人们往碗中注油燃灯，以求福祉。据说谁要是能拣到一片刚落地的菩提树叶，就能得到佛祖的庇荫，所以当地人无不以拥有这棵树的一片树叶为荣。但这里长年驻有200名士兵，专职保卫这棵圣树，绝对禁止从树上直接折取树叶或树枝。

5.历经劫难的大佛

从阿富汗首都喀布尔到巴米扬有一条山路，当年唐朝僧人玄奘前往印度取经，走的就是这条路。在一条绿意盎然的山谷里，他看到了一个与中土大唐迥然相异的佛国。这里“众池澄碧，林树青葱”，立佛石像“金光晃耀，宝饰焕烂”。这些生动

巴米扬石窟位于阿富汗中部巴米扬城北兴都库什山区海拔2590米的小河谷中，北面是兴都库什山的支脉代瓦杰山，南面是巴巴山脉，巴米扬河从两山之间流过，巴米扬石窟就开造在代瓦杰山南面的断崖上。

的描述都来自玄奘所著的《大唐西域记》。

大概从公元1世纪起,巴米扬(唐僧称之为"梵衍那")就成为受人尊崇的佛教圣地。古巴米扬人在俯瞰古国的绝壁上,开凿出了长达1300多米的石窟群,大大小小的洞窟有750多个,比我国新疆拜城的克孜尔石窟和甘肃敦煌的莫高窟都要大得多, 成为世界上现存最大的佛教石窟群。这里还有世界上最高的古代佛像,那就是分别开凿在东段和西段的两尊高大的立佛像,俗称"东大佛"和"西大佛"。东大佛高37米,身披蓝色袈裟,名叫沙玛玛;西大佛高55米,着红色袈裟,名叫塞尔萨尔。佛像的脸部和双手都涂有金色,两侧有暗洞,人们拾级而上,可以直达佛顶,上边的平台可站立百余人,大佛之大由此可见一斑。

巴米扬大佛大约雕造于公元四五世纪,公元8世纪时,阿拉伯帝国的军队征服了巴米扬,信奉回教的阿拉伯人对佛像肆意毁坏,还挖去了每尊佛像的眼睛。13世纪初,成吉思汗麾下的蒙古骑兵的铁蹄踏上了这块土地,梵衍那城陷寺毁,巴米扬石窟变得面目全非。到了19世纪,帝国主义分子将战火烧到了阿富汗的领土时,巴米扬山谷成了抗击英国侵略军的战场。英国军队占领了巴米扬后,他们为了泄愤,竟然丧心病狂地用大炮轰击巴米扬石窟的那两尊大佛,炸得它们肢体残断,满目创痍。经过了这三次劫难后,巴米扬大佛居然还顽强地屹立在那里,这倒不是因为佛祖显灵,而是因为它们与山体同在,实在奈何不得。

1996年,阿富汗伊斯兰学生运动武装"塔利班"攻占了首都喀布尔。"塔利班"对伊斯兰以外的所有宗教信仰都视如仇雠, 佛教也在其列。2001年2月27日,"塔利班"的领导人奥马尔悍然下令,摧毁阿富汗境内的所有佛像,其中就包括位于巴米扬山谷中的那两座巨型佛像。消息传出,在全世界范围内立刻激起轩然大波,联合国和很多国家纷纷采取外交手段, 企图迫使奥马尔收回成命。然而,这一切努力最终都付之东流。3月2日,巴米扬山谷中传出了隆隆炮声。"塔利班"军队动用大炮、炸药以及火箭筒等各种用于现代战争的武器,对着默默无语的大佛一起开火。待硝烟散尽, 本来就伤痕累累的巴米扬大佛同石窟中的其他佛像一道消失了。塞尔萨尔只剩下一个佛像形状的石窟,佛像巨大的胳膊留下的凹痕清晰可见。沙玛玛的境遇更惨,连一块大一点的残骸也没有留下来。沙玛玛一侧的那座圆形的佛堂还在,但殿堂内只剩下一个个空凹的佛龛。据记载,这里刻有数以万计的佛像,还有大面积的彩色壁画,如今全都了无踪迹。

清水寺位于日本本州中西部的京都市，坐落在音羽山的半山腰，由近30座寺院和佛塔组成，全都是木结构，占地面积为13万平方米。它创建于公元798年，现存的清水寺是1633年由德川家康捐资重新兴建的。

6.镇寺之宝观音像

日本有句谚语："谁要说自己有胆量，那就请从清水寺的舞台上跳下去。"也许是这句谚语流传得太广，再加上这里笼罩着肃穆的宗教气氛，周围景色又很优美，还传说山中的流水与南印度普陀洛迦山麓相通，顺流直下就可到达往生净土，清水寺的舞台居然成了日本自杀者最青睐的地方。据记载，江户时代共有234人从这个舞台上纵身跳下去。

清水寺的正殿依山而建，下临悬崖，宽19米，进深16米，正殿前有个190平方米左右的高台，它就是著名的"清水舞台"。整个台子基本悬在山坡上，离地有50米高，屋顶采用四坡式结构，铺着一层层桧木皮，下面由139根高大的圆木支撑着，最高的一根有12米。它气势雄伟，结构精巧，未用一根钉子，被誉为日本的国宝。江户时代，这里经常演出雅乐，"舞台"之名即由此而来。

清水寺正殿里供奉着一尊千手观音立像，有11个面，它是清水寺的镇寺之宝。关于这尊观音立像，还涉及到清水寺的由来。相传日本奈良时代末期的宝龟九年(778)，观音菩萨托梦给奈良子岛寺高僧延镇上人，让他"去木津川北岸寻找清泉"。延镇上人相信这个梦是真的，于是就一路找到烟云缭绕的音羽山，发现了掩映在苍松翠柏中的一条瀑布，还邂逅了在此地结庵修行的行shǐ居士。行shǐ居士实际上就是观音化身，他交给延镇上人一棵含有神力的圣树就隐去了。延镇上人用圣树制作了一尊观音菩萨像，供奉在瀑布上方的草庵内。

两年后，华裔田村麻吕将军为求妻子顺产，前往音羽山捕鹿，以供祭神求佑之用，遇到了延镇上人。上人劝他不要妄开杀戒，要常做善事。田村深为信服，并捐资在瀑布北崖建起了一座悬空式的殿堂。延历 17 年(798)，田村将军奉命东征，一战成名。凯旋归来后，他到清水寺还愿，与延镇上人一起敬造了一尊观世音菩萨立像，又亲自监工，建造起了清水寺。

清水寺正殿中的这尊观音菩萨像样式非常稀有，常见的千手观音有 40 条胳臂，这尊观音却有 42 条胳膊，最上面的左右两臂向上高举，合捧着一尊小如来像，表现了独特的观音神力，所以被称为“清水型”观音像。

这尊观音像连同侍立在两侧的地藏菩萨、毗沙门天，平时被供奉在正殿内的三座橱子内，秘不示人，每隔 33 年才会将橱门打开，举行“御开帐”法事，让一般信众参拜。清水寺固定的佛事活动很多，但无论规模还是影响，都首推“御开帐”。过 33 年才让世人一睹观音的风采，这既不是出于珍惜的考虑，也不是故弄玄虚。据《观音经》记载，观音菩萨能变换出 33 种化身以拯救众生。33 年这个数字就是由此而来。2000 年适逢 33 年一度的“御开帐”，从 3 月 3 日至 12 月 9 日，在长达 9 个月的时间里，共有 140 万人直接参拜了观音菩萨。下一次“御开帐”将在 2033 年举行，届时你想去开开眼界吗？

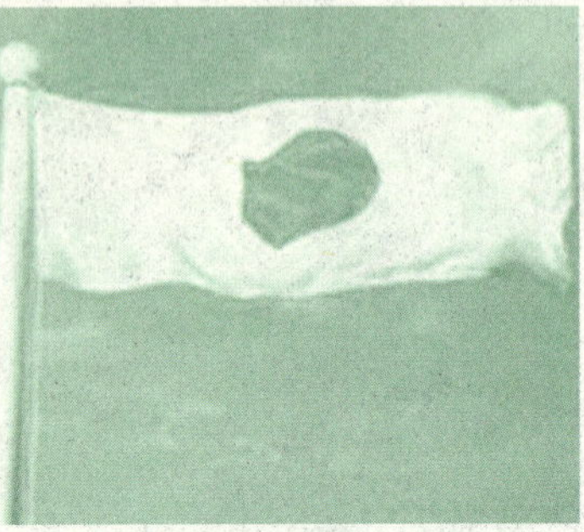

走近日本

日本位于亚欧大陆东端，是一个四面临海的岛国，自东北向西南呈弧状延伸。东部和南部为一望无际的太平洋，西临日本海、东海，北接鄂霍次克海，隔海分别和朝鲜、韩国、中国、俄罗斯、菲律宾等国相望。日本的国旗为太阳旗或日章旗：呈长方形，旗面为白色。旗面上一轮红日居中，辉映着白色的旗面。日本国一词意即“日出之所”。传说日本是天照大神创造的，而天皇就是天照大神的子孙。日本的国徽为圆形绘有 16 瓣黄色的菊花瓣。日本的国花有菊花（为日本皇室认定）、樱花（现国花，为一般平民认定）和梅花（前国花）。

唐招提寺位于日本奈良城西五条町，公元759年由中国唐朝高僧鉴真亲手兴建。它是日本佛教律宗的总寺院，最盛时曾有僧徒3000人。

7.盛唐文明的活化石

日本奈良时代正好与中国的大唐盛世相平行。唐朝的都城长安是当时世界上数一数二的大城市，日本国派来的遣唐史见了不胜羡慕，就暗暗画了一份图样，回国后往上一交，大和国的天皇见了连声叫好，立刻下令照样盖一座都城，只是小了四分之三。尽管如此，在当时的日本列岛上，它已经是首屈一指的大城市了。

古都奈良作为日本的第一个首都，为时不过短短的70年，却留下了众多的历史古迹。在这些古迹中，最能体现奈良时代文化精粹的就是佛寺。奈良时代佛教非常兴盛，天皇不惜动用国家财力，大力兴建佛寺，其中著名的有东大寺、兴福寺、元兴寺、大安寺、法隆寺、西大寺、药师寺，并称为奈良七大寺。

唐招提寺虽然没有名列七大寺之中，但对于中国人来说，它的知名度要比那七座寺院都高。奈良有历史博物馆之称，而唐招提寺就是一座中日文化交流的主题博物馆。唐天宝十二年(753)，66岁高龄且双目失明的鉴真和尚在五次东渡失败后，第六次东渡日本终于取得成功，踏上了日本的国土，实现了他的夙愿。鉴真一行到达京都奈良时，受到了以圣武天皇为首的举国上下的盛大欢迎。在他来到奈良后不久，天皇亲自下旨让他亲自主持修建一座寺院。鉴真出国前担任扬州大明寺住持，由他监督营造的寺院突出了盛唐建筑的风格，所以它被誉为盛唐文明在海外的活化石。

唐招提寺建成后，鉴真和尚就把这里当作受戒传律的基地，并创建了日本佛教律宗，招提寺成了律宗的总寺院，因此得名律宗寺。唐招提寺是俗称，“招提”在日语中就是寺庙的意思。寺院大门上红色的“唐招提寺”横额，是日本效谦女皇仿中国书法家王羲之、王献之的字体书写的。

寺院的主殿金堂后面有一座单檐歇山顶的讲堂，原是建于8世纪初的平城宫中的朝堂，建寺时由皇家施舍，后迁入寺内，成为平城宫留下的唯一建筑物。讲堂内有一尊涂漆加色的弥勒如来佛像，佛像两侧有两个外形似轿的小亭，是当年鉴真师徒讲经之地。讲堂庭院里的藏经室里收藏有很多经卷，都是当年鉴真从中国带去的。

鉴真在这座寺院中居住了11年，才与世长辞。他圆寂后，他的弟子忍基为他制作了一幅乾漆夹造的坐像，高2尺7寸，面向西方，双手拱合，结跏趺坐，闭目含笑，两唇紧敛，再现出一代高僧弃世时的姿态。这副坐像供奉在1688年建成的御影堂内，已被定为日本国宝，每年只开放三天供人瞻仰。御影堂内中有68幅屏障壁画，都是日本著名画家东山魁夷专门为御影堂绘制的。

广岛和平纪念公园位于日本本州岛西南部广岛市街中心，坐落在元安川和本川汇合点的中岛町。1949年8月6日，广岛市通过一项法令，决定在原子弹爆炸中心点附近建立和平纪念公园。1954年4月1日，该公园落成启用，占地约122 100平方米。

8.死难者的纪念

1945年8月6日上午8时15分，一颗代号“小男孩”的原子弹在日本广岛上空580米处爆炸。一道强烈的蓝光闪过之后，整座城市顿时变成一座人间地狱。广岛全市当时有24.5万人口，而核爆炸释放出来的高温、放射线、热线、冲击波等，在一瞬间就夺去了约8万人的生命，累计死亡人数超过20万。三天后，美军又把第二颗原子弹投到了日本的长崎市，这次爆炸使长崎变为一片废墟，25万日本居民非死即伤。

和平纪念公园中央有一座石制的马鞍形纪念碑，它是为抚慰遇难者灵魂而建立的慰灵碑。慰灵碑的正面刻有这样几个醒目的大字：安息吧，决不让历史重演。碑下停放着一口大石箱子，里面存放着原子弹爆炸死难者的姓名簿。因为不断有人死于核辐射引起的疾病，就要不断补进新的名字，到了1984年，这口石箱子不够大了，只好又换了一口更大的。截至2005年底，这里已经存放了237 062位死难者的姓名，精确到个位，其中当年新记上的名字就有5142人。

慰灵碑前方有一个喷水池，名叫和平之池，池上的“和平之灯”火焰熊熊，象征着广岛人民期望和平的炽热心愿。它于1965年8月1日点燃后，将一直燃烧下去，直到核武器从地球上消失为止。

和平纪念公园的入口处,有一座荒废的建筑物,在四周高楼大厦的衬映下,这里的残垣断壁显得格外刺眼。1915 年，由捷克设计师设计的广岛物产陈列馆在这里竣工。30 年后,人类第一次投放的原子弹就在这座富有异国情调的建筑上空炸裂。当时附近的建筑物全部被夷为平地,而唯有这幢房子奇迹般的保留下来一半。不过,它的外墙已经塌落，拱形的楼顶剥露出烧弯的钢筋，似乎在向人们诉说着当时的惨况。1996 年,它被列为联合国教科文组织的世界文化遗产名单。世界遗产委员会对它所做出的评价是:“随着人类所创造的毁灭性力量的释放，广岛和平纪念公园成为人类半个多世纪以来为争取世界和平所取得成就的力量象征。”

广岛和平纪念公园内的广岛病院门前还立有一座小小的千羽鹤纪念碑，当地人把它叫做原爆之子像。碑顶站着一个小女孩,她双手高高地托着一只大纸鹤,满怀期望的目光凝望着远处。这是一个不幸的小女孩,因受了原子辐射的影响,10 年后病源发作,病倒在床上。日本民间相传,只要扎完 1000 只纸鹤,就能恢复健康。于是,这个天真的小女孩就在病榻上一只一只地扎着纸鹤。就在她快要扎完 1000 只纸鹤时,可恶的疾病夺走了她的性命,年仅 12 岁。1958 年,日本学生和儿童捐献建成了这座纪念碑,以纪念那些死于原子弹爆炸的儿童。

千羽鹤纪念碑

千羽鹤纪念碑下摆着数以万计的纸鹤。它们都是用五颜六色的彩纸扎成的，每串纸鹤都是 1000 只,出自日本全国各地的小朋友之手。他们以此来为那些遭遇原子病折磨的小朋友们祈祷,也表达了孩子们渴望和平的美好愿望。

9.金光灿烂的佛塔

缅甸是著名的佛教国家,全国人口 80%以上信奉佛教。佛教讲究功德,而在佛教徒的心目中,最大的功德就是捐款造塔。于是,或大或小或高或矮或奢或俭的佛塔便遍布村镇城乡,给缅甸赢得了“金塔之国”的美称。

在林立于缅甸境内的佛塔中,最有名也最有代表性的就是仰光大金塔。缅甸人称它“瑞大光塔”。在缅语中,“瑞”是“金”的意思,“大光”是仰光的古称。仰光大金塔始建于公元前 585 年,至今已有 2500 多年的历史。相传有一年,缅甸人释迦达普陀兄弟去印度经商,在一棵菩提树下巧遇佛祖释迦牟尼,他们把随身携带的蜜糕献给

仰光大金塔位于缅甸首都仰光市北，坐落在茵雅湖畔海拔51米的丁固达拉山冈（又名圣山）上，塔身高112米，底座总周长为432.8米，与印度尼西亚的婆罗浮屠、柬埔寨的吴哥窟齐名，并称为东方艺术的瑰宝。

了佛祖。为了报答善良的缅甸人的好意，佛祖就赐给他俩8根头发。当释迦达普陀兄弟历尽千辛万苦回到缅甸时，佛发只剩下4根了。他们把这4根佛发献给缅王奥加拉巴，缅王视若珍宝，就筑塔把佛发珍藏起来。初建时塔高只有8米左右，后来经过多次修葺，塔越建越高，规模也越来越大。直到1775年，塔身才修成现在的高度。

据民间相传，最初建这座塔时，忽然从空中落下无数的金砖，众人拾起这些金砖，就砌成了这座金塔。实际上，仰光大金塔是一座砖塔，它那金光灿烂的外表，来自贴满塔身的1000多张纯金箔，光这些金箔所用的黄金就有七吨多重。这还不算大金塔的四周挂着的1.5万多枚金铃和银铃。

这座大金塔的塔顶是纯金铸成的，它出现于15世纪。达摩悉提国王用四倍于他和王妃体重的黄金，给这座金塔镶了一个金顶。到了1775年，阿瑙帕雅王的儿子辛漂信王来到仰光，把塔身修到现在的高度，还给它安装了一个金伞。这柄黄金宝伞重1260千克，四周镶嵌着664颗红宝石、551颗翡翠、443颗金刚石，其中有一颗金刚石重76克拉。宝伞边上还挂着1065枚金铃和420枚银铃。有了这么多宝物装饰，平凡的砖塔变成了名副其实的宝塔。白天在阳光的照射下，金碧辉煌；夜晚在灯光的辉映下，斑斓夺目。无论人们站在仰光城内的哪个角落，一抬头就会看到它金光灿灿的塔顶。

仰光大金塔不仅价值昂贵，还充分显示出古代缅甸人民精湛的建筑才能和雕刻艺术。主塔矗立在大理石铺成的平台上，四周环绕着64座姿态各异的小塔。这些小塔有木制的，有石砌的；有的像钟，有的似帆；有的为金色，有的为土红色，有的为绿色；还有的塔身为白色，顶部为金色。有的塔通体为方形，上面绘满了讲述佛祖生平故事的壁画。有些是舍利塔，有些下面是佛堂，供奉着或卧或坐的佛像，有大有小，形象各异。供奉在主塔中的是一尊用玉石雕刻而成的佛像和罗刹像，神形动人，情态秀美。主塔下四个角上都有缅甸式的狮身人面像，做工非常细腻。徜徉在这里，就仿佛置身于佛教艺术的殿堂中。

在大金塔的东北角和西北角，各有一座色彩斑斓的古钟，一口重约40吨，它是1841年由缅王捐铸的；另一口重约16吨，是1778年由另一位缅王捐铸的。1824年，第二次英缅战争结束后，英国殖民者想把那口40吨的大钟当成战利品运到印度去。就在吊装上船的时候，它意外地沉入仰光河底。英国人多次组织力量打捞，但费了九牛二虎之力，也没能把它捞上来。英国人走后，缅甸人齐心协力把古钟打捞上岸，重新放置在大金塔的西北角，供人观瞻。缅甸人把这口失而复得的古钟视为吉祥和幸福的象征。据说只要连续击钟三下，就能万事如意，心想事成。

吴哥古迹位于柬埔寨暹粒省暹粒市北6千米处的金边湖畔，分布在45平方千米的莽莽丛林中，共有大小建筑物600多座。它与中国的万里长城、埃及的金字塔、印度尼西亚的婆罗浮屠并称为东方世界的四大奇迹。

10.博物学家的意外发现

吴哥寺和吴哥城不能混为一谈。吴哥(Angkor)一词源于梵语的Nagara，意为“都市”。在公元9世纪到15世纪这段漫长的时间里，吴哥一直是高棉王国的都城，所以历史上称这个时期的高棉王国为吴哥王朝。吴哥寺被柬埔寨人昵称为“小吴哥”，而吴哥王城便是“大吴哥”。1434年，高棉王国迁都金边，吴哥王城渐渐地被密林荒草淹没，几乎被世人遗忘。当它于400年后重见天日的时候，人们便把它连同城外的古建筑统称为“吴哥古迹”，也称“吴哥古建筑群”。在吴哥古迹中，保存得最完好的同时又是最大的建筑就是吴哥寺，它也是吴哥古建筑群中的最精华部分，所以它就成了吴哥古迹当之无愧的代表。

12世纪初，高棉国王苏利耶跋摩二世借助中国宋朝的军队，平定了境内的诸侯，使吴哥王朝的国力达到顶峰。位于吴哥古城外西边的那座“小吴哥”，就是他在位期间建造起来的。据说为了建造这座寺院，他动用了全国最好的工匠、彩绘师、建筑师及雕刻家，先后用了1500多万人以及数不清的大象，历时80多年才完工。整座吴哥寺是用一块块精确切割的大石头堆砌而成的，没用石灰水泥，更无钉子梁柱，完全依靠石块的重量和凿成的榫、穴咬合起来，每块石头之间没有明显的缝隙，据说甚至不能放进一片刀片。经过了七八百年的风吹雨打后，这些石块仍然结合牢固，毫不松动。

在柬埔寨国旗的鲜红色的背景上，印的是一座带着三个尖顶的石头佛寺，它就是吴哥古寺。它还常常被称为吴哥窟(Angkor Wat)，但“窟”这个词容易让人误解，其实wat就是寺，叫它吴哥寺更准确一些。

位于吴哥古城中心的巴扬庙的历史比吴哥寺还要悠久一些，它始建于公元9世纪，11世纪时由苏利耶跋摩一世重建。它由49座塔组成，分别建在三层台基上，一层比一层陡，全部用石头砌成。最高一层的中央是一座高达45米的圆形涂金大宝塔，象征着神话中的茂璐山(印度教和佛教教义中的宇宙中心和诸神之家)；中间一层建有16座中塔，象征着高棉王国当时拥有的16个省；再加上下层的几十座小塔，共同构成了一组完美整齐的阶梯式塔形建筑群。这些石塔都有四个面，每个面上都雕有一尊佛像，脸上带着洞悉一切的神秘微笑，这就是闻名世界的“高棉微笑”。

不知什么原因，如此宏伟的吴哥城竟被吴哥王朝抛弃了，它能够重见天日，还得感谢一位喜欢漫游的法国博物学家。他名叫亨利·毛霍德。1860年1月，他在法国传教士的帮助下，前往印度支那半岛寻找一种珍稀蝴蝶，因此深入到金边湖北面藤蔓纠缠的丛林中。就在他苦苦寻找了五天却一无所获时，准备败兴而归，茫茫林海上空突然出现了五座高塔，好似出水的莲花一般，塔尖映在夕阳里，闪闪发光。他惊奇地走过去，那一尊尊巨大的石雕佛像，一座座巍峨的寺庙，好似争先恐后地扑进他的眼帘，让他感到万分震惊。

毛霍德走出那片掩藏着巨大秘密的丛林后，未能活着回到故乡，他病死前念念不忘的还是他的标本，还有未能捕捉到的蝴蝶。他绝对想象不到，他无意之中闯进的那个废墟，竟是人类有史以来创造的最伟大的奇迹之一。

11.丛林中掩藏的浮屠

婆罗浮屠位于印度尼西亚中爪哇首府日惹市西北39千米处的克杜峡谷，屹立在一座人工堆筑的小山丘上。塔基呈四方形，每边长110米，从底层到塔顶最尖端原高为42米，据说塔顶钟形大佛龛的尖端某年因雷击而毁掉，因而现在实有高度只有31.5米。

在梵文中，“浮屠”就是“塔”的意思，“婆罗浮屠”就是“山丘上的佛塔”，有时也被译成“千佛坛”。

这座佛塔是由200多万块经过精心雕凿的火山岩石垒成的，既无门窗，又无梁柱，就好像一座小山一般。与佛教“色界”“欲界”“无欲界”三界之说相应，它分成塔基、塔座脚和主佛塔三部分。从第一层到第六层为塔基，四面的中间都有一条笔直的通道，一直通往顶层。从第七层开始变成圆形，一直到九层，形成了顶塔的座脚。第十层是钟形的白塔，直径9.9米，庄严而挺拔，但塔内空空如也。有人说塔内原先有佛像，后来被盗走了。也有人说当初建塔时里边就是空的，寓意佛教的“四大皆空”。

在四方形的塔基部分，各层建有石壁佛龛432个，每一个佛龛里都供奉着一尊佛像。在圆形的塔座脚部分，各层建有72个钟形小塔，塔内也供奉着佛像。这些佛像按照东、南、西、北不同方向取有各自的名称，佛像的面部神情逼真传神，手指、手掌、手臂的动作千姿百态。佛塔各层都有回廊。回廊两侧的石壁上刻有各式各样的浮雕。假如把这些浮雕全部连接起来，长度可达290多千米。这些浮雕大多取材于佛经中的故事，也有的描述了当时人民的风俗习惯、生活面貌。浮雕中的大象、孔雀、猴子、各种日用器皿以及热带果品等，都雕刻得玲珑剔透，栩栩如生，堪称艺术珍品。漫步在回廊之上，人们仿佛在研读一部形象化的佛教经典，难怪学者们称赞它是一部“刻在石块上的佛教史诗”。

婆罗浮屠大约建于公元8~9世纪，当时印度尼西亚正处于夏连特拉王朝统治时期。关于这个王朝，由于缺少文字记载，人们对它的了解少得可怜，因此围绕着婆罗浮屠的建造者就出现了种种不同意见，至今仍然没有做出定论。

婆罗浮屠兴于何人是个谜，废于何因也是个谜。它建成后还不到一个世纪，就渐渐被人遗忘了。其原因也许是其东南方向的墨拉比火山喷发后引起大地震，周围居民纷纷逃奔他乡，这里成了无人地带。也许是伊斯兰教传入印度尼西亚后，佛教逐渐衰微，佛塔随之备受冷落，以致断了香火，渐渐地被丛莽湮没。

1814年英国占领时期，驻爪哇总督托马斯·斯坦福德·拉弗尔斯爵士听说丛林中掩藏着一座古代建筑，立刻派员前去调查，终于找到了它，还清除了周围的碎石和杂草。尽管当时还没有能力对它进行修复，但总算让婆罗浮屠重新为世人所知。

1973年8月，在联合国教科文组织的援助和印尼国内各界的捐助下，开始对婆罗浮屠进行大规模的修复。1983年3月23日这项工程宣告结束，前后历时10年，耗资2250万美元。整修后的婆罗浮屠佛塔，古趣盎然，风貌如初，每年都能吸引数以万计的来自世界各地的佛教徒和旅游者。

大王宫位于泰国首都曼谷昭被耶河与湄南河交汇处，坐落在湄南河东岸，又称大皇宫或故宫。它始建于1782年，占地总面积约为22万平方米，共有22座各有特色的建筑物，四周环绕着高达5米的白色城墙，总长1900米。曼谷王朝从拉玛一世到拉玛八世，都居住在这座王宫中。

12.王宫中的佛寺

大王宫相当于中国的故宫，都是国王处理政务和居住的地方。从规模上来看，大王宫比故宫小了许多，整个王宫建筑由三座主要宫殿和一座寺院组成。这种宫殿和寺庙连成一体的结构，反映出泰国人信仰佛教的虔诚程度。

大王宫中的这座寺院名叫玉佛寺，位于王宫的东北角，实际上是大王宫的一个组成部分，全称“嘉愿纳瑟沙拉南佛院”，又称护国寺。

玉佛寺不是一座孤零零的庙，而是一个建筑群，有金塔、藏经殿、先王殿等。玉佛寺的重要建筑的屋顶都是尖顶的，每个尖顶上都有赛璐珞、彩瓷、金箔等装饰，金光闪闪，璀璨夺目。玉佛寺的主体建筑是玉佛殿，它没有尖顶，但贴金镶宝的外墙闪亮生辉，格外耀眼。墙上装饰着金翅鸟像，阶梯上驻守着镇庙兽，门上刻着勇猛的守护神，

假如真有妖魔邪灵，见了这架势，必然会躲得远远的。玉佛殿中有一个11米高的镀金神龛，里面供奉着一尊66厘米高的玉佛，它是由一整块翡翠雕刻而成，通体苍翠，隐约泛出绿光，由此玉佛寺又得名“绿宝石寺”。玉佛的头上悬挂着一顶九层华伞，周围立着多尊金佛，把它衬托得更加庄严华贵。

这尊玉佛的身上披着一件价值连城的金缕衣，但不止是这一件，而是三件。这三件衣服都是用纯金制成的，缀有不同颜色和式样的宝石。每当季节变换之际，国王就会披上袈裟，亲自动手为玉佛换装。夏季时玉佛会换上一件镶嵌着红宝石的金缕衣，雨季到来时换穿缀有蓝宝石的金缕衣，天气转凉后，又会换穿缀有白宝石的金缕衣。

说起这尊玉佛来，还有一段传奇式的经历。据泰国史书记载，公元1434年，泰国北部清迈的一尊石膏佛像突然开裂，人们在它的肚子里发现了一尊小玉佛。玉佛取出来后，立即被接到各地去供奉膜拜。据说它能为主人带来好运，所以人人都想据为己有，印度、斯里兰卡、缅甸、老挝等国家也加入了争夺的行列。直到18世纪，才由郑王(郑信)把它从老挝接回泰国，拉玛一世登基后，于1782年兴建王宫，又把它供奉在宫中新落成的佛寺中。

金佛寺又称黄金佛寺，位于曼谷中央车站西边的唐人街上。据说这座寺院由三位华人集资建成，所以又称三华寺或三友寺。泰国华人称它为金佛寺。

13.金佛寺中供金佛

泰国有三大国宝，玉佛寺中的玉佛是其中之一，另两件是曼谷的卧佛和金佛。卧佛供奉在大王宫南侧的卧佛寺的大殿内，长40米，高15米，面貌慈祥，侧身静卧在巨大的佛床上。这尊卧佛最特别之处，是它那双硕大的脚掌上刻着108个彩色符号和佛像图案，据说蕴含着高深的佛学哲理。拉玛三世时，国王经常召集学者和高僧在卧佛寺聚会，研究卧佛身上的刻符和图案。慢慢地，卧佛寺竟成了探讨佛学学术的重要场所，至今每年还有很多佛学学术活动在卧佛寺里举行。

金佛供奉在金佛寺中，它是一尊如来佛像，高近 4 米，重达 5.5 吨，盘坐的双膝相距 3 米有余，据说整体是用 60% 纯度黄金铸造的。相传这尊金佛建造于素可泰王朝，后来外敌入侵，为了防止金佛被外来入侵者掳走，人们就在它的身上涂满灰泥，埋到土中。后来它被发掘出来，但因不够美观，就被扔到湄公河岸边的一座旧庙里。再后来旧庙改建仓库，佛像就得搬家，搬运时不慎摔了一下，佛身灰泥脱落，露出一尊金光闪闪的佛像来。人们赶快把它运到曼谷，供奉在寺里。

还有一个传说与此大同小异。据说佛寺所在地本来颇为荒凉，后来华人在这里聚居，人口越来越多。他们发现荒山上有一个无人肯要的佛像，就雇车把它搬了回来。他们把这尊佛像拆卸成九节，几经周折，运到一个寺庙里。在安放佛像时，一块铁壳掉下来，露出里面金光闪闪的金佛像身。人们连忙动手，把所有的铁壳都敲掉了，露出来了金光闪亮的完整佛身。

宿务岛位于菲律宾第一大岛吕宋岛和第二大岛棉兰老岛之间的米沙鄢群岛中部，坐落在保和岛和内格罗斯岛之间。宿务岛上的宿务城是菲律宾最早开发的城市，自古就是菲律宾中部和南部的贸易中心，素有“菲律宾南部首都”之称。

14.麦哲伦的殒命之处

最早登上宿务岛的欧洲人就是著名的航海家斐迪南·麦哲伦。1521 年 3 月 17 日，麦哲伦率领船队到达了一个不知名的小岛，船上的人向岛上正忙着做饭的当地妇女询问这个岛屿叫什么名字。那些女人听不懂外乡人的话，还以为问她们正在做什么，就顺口答道：“Sugbo(译为宿务)。”其实，“宿务”不过是当地用稻米和香蕉叶制作的一种熟食的名字。后来，麦哲伦又用西班牙国王菲利普二世的名字将他发现的整个群岛命名为“菲利比亚那”，这就是菲律宾国名的来历。

麦哲伦登岛后，便向当地人传授天主教。一个月后，居然大见成效，酋长胡马邦和

拉布–拉布塑像

胡安娜夫妇带领部众800多人，接受了麦哲伦船队随行神甫的洗礼。这是天主教在菲律宾也是在东南亚的首次传播，菲律宾能够成为东南亚唯一的也是亚洲少有的天主教徒占多数的国家，历史的渊源便在这里。为了纪念第一位菲律宾天主教徒的诞生，麦哲伦在受洗地点竖起了一个巨型的木质十字架。

天主教传播开来后，传教士们为了保护这个十字架，就围着它修了一道围墙。无奈当地人相信这个十字架有消灾解难的奇效，可治百病，就偷偷地从十字架上刨取木屑，带回家中煮水喝。1740年，当地教会建起了一座教堂，把这个十字架请进殿堂，并根据十字架的大小用硬木为它做了一件“外套”。

麦哲伦传教大获成功后，不禁有些飘飘然，他听说距离宿务岛不远的地方有个麦克坦岛，岛上的两位部族酋长拉布–拉布和祖拉之间有摩擦，就想亲自登岛去调解纠纷，同时劝说岛上的居民接受天主教，归顺西班牙国王。拉布–拉布身材伟岸，为人桀骜不驯，他听说麦哲伦要来岛上生事，就亲自登上高台发出警告：“我不会屈服于任何外国帝王，也不会向任何强权者缴纳贡税。”麦哲伦得到报告后，亲自带领西班牙军队进攻麦克坦岛。拉布–拉布率领岛上居民奋起抗击西班牙殖民者，在混战中将麦哲伦砍死。

如今在宿务岛和它对面的麦克坦岛之间有一条白色的跨海大桥凌空而起，把这两个岛联结到了一起。“麦克坦”其实就是“麦哲伦”的误读。麦克坦岛上有一片辽阔的海滩，那里就是当年麦哲伦与拉布–拉布各自率领的两队人马发生激战的地方。这里有一艘麦哲伦环球航行时乘坐的“维多利亚”号的复制品，还有一座西班牙殖民政府于1866年修建的麦哲伦纪念碑。就在麦哲伦纪念碑前，矗立着拉布–拉布的铜像。他赤裸着上身，右手握刀，左手拿盾，一副英武模样。

耐人寻味的是，这里有一座碑亭，亭中立着一个双面碑。正面题写着这样的碑文：“公元1521年4月27日，拉布–拉布和他的战士们，在这里打败了西班牙入侵者，杀死了他们的首领麦哲伦。由此，拉布–拉布成为击退欧洲人侵略的第一个菲律宾人。”背面题写着这样的碑文：“公元1521年4月27日，斐迪南·麦哲伦与麦克坦岛酋长拉布–拉布所部激战，重伤身亡于此。是年5月1日，胡安·塞巴斯蒂安·埃尔卡诺率领麦哲伦船队的‘维多利亚’号航离宿务，翌年9月6日归抵巴拉米达的圣卢卡尔港，完成第一次环绕地球航行。”

巴纳韦高山梯田位于菲律宾吕宋岛北部伊富高省巴纳韦镇附近的柯迪勒勒拉山区，距离菲律宾首都马尼拉市约300多千米。2000多年前，菲律宾人的祖先完全依靠人力，在海拔1500米的高山上用石块修建起了令今人惊叹的梯田。

15.谋求生存的奇观

伊富高族是菲律宾最古老的民族之一，也是世界上最勤劳最智慧的民族之一。大约在公元前3000年左右，他们的祖先从中国南方或印度半岛上南渡重洋，在吕宋登陆后一部分进入山区，另一部分移民则继续南下，到达爪哇岛和小巽他群岛。公元前1000年至公元前500年间，第二批移民循着同样的路线来到这里，还带来了青铜器、陶器和织布技术，巴纳韦梯田就是他们用简陋的青铜工具开山造出来的。除了巴纳韦梯田外，在爪哇岛、小巽他群岛以及日本南部，都能找到古代梯田的遗迹。在伊富高省的邻省高山省有一处“登天石级”，只是不及巴纳韦梯田雄伟，却也极负盛名。正是由于这个原因，国际历史学家就把古代伊富高人创造的文化命名为“梯田文化”。

在柯迪勒勒拉山区，连绵五座高山上都有梯田，总面积达400平方千米，其中巴纳韦梯田保存得最为完整，这里又靠近公路，还设有旅游点，所以人们习惯上就把这些梯田统称为巴纳韦梯田。这一带群山起伏，层峦叠翠，沿途坡陡弯急，路旁都是悬崖深谷。就在峰回路转的地方，一块块梯田星罗棋布，一方方秧苗染翠峻岭，它们下临峡谷，上接云霄，层层排列，呈现出一幅人类向大自然努力谋求生存的奇观。

由于山势陡峭，这些梯田面积最大的只有2500平方米，最小的仅4平方米左右。为了防止水土流失，梯田的外壁几乎全部用石块筑成，最高约达4米，最低也近2米。山上造田，灌溉是个大问题，聪明的伊富高人就在山顶挖塘蓄水，接引山泉瀑布，又用石头砌成一道道水渠。它们盘山而建，好像巨大的台阶一样层层上升，高耸入云，总长度达19 000千米，足足能绕地球半圈。清澈的泉水如银链般直泻而下，一直灌溉到山脚，使梯田终年不干。迄今为止，巴纳韦梯田仍然是世界上最大的人造灌溉系统，也是古代最完善的水利灌溉系统。

巴比伦古城位于伊拉克首都巴格达以南90千米处，坐落在幼发拉底河下游右岸。它大约建于公元前1800年至公元前600年之间，古巴比伦和新巴比伦这两个强盛的王国都先后在这里建过都，亚历山大大帝也曾一度在此定都。大约在公元前2世纪，这座古城逐渐变成废墟。

16.诸神踏脚的通天塔

公元前7世纪末，新巴比伦王国再度兴起，巴比伦城才进入了一个黄金时代。国王尼布甲尼撒二世东征西讨，攻陷了圣城耶路撒冷，大批犹太人成了俘虏，被他押解回了巴比伦，史称巴比伦囚虏。有了这么多任其驱使的奴隶，尼布甲尼撒就开始大兴土木，首先将老祖宗留下来的城垣和宫殿全都拆掉填平，垒出高高的地基，在这个新地基上再建新城。现在人们所看到的巴比伦古城，便是这个极盛时期留下来的遗物。

巴比伦古城的城墙建得很厚，城门也建得高大而坚固，每座城门都高4米多，宽2米多，上有塔楼。每座城门都是城中主要大街的起点，这些大街条条都通向马尔杜尔神庙。马尔杜尔是巴比伦的守护神，被尊为众神之王。每到重大节日，人们就要把马尔杜尔神请到神庙附近的巴贝尔梯形塔顶上去祭祀。

通天塔模型

巴贝尔梯形塔又称通天塔、巴比伦塔，塔基的长度和宽度各约91米，用砖砌成7层台阶，一层垒叠一层，一阶高出一阶，高度近百米，几乎可以和埃及的金字塔媲美，形状也有几分相似。据说，它是天上诸神前往凡间住所途中的踏脚处，称得上是天路“驿站”或“旅店”。

巴比伦城里最早的通天塔，在公元前689年被亚述人破坏了。新巴比伦王国建立后，尼布甲尼撒二世下令重建通天塔。他命令全国上下不分民族，不分地区，都要派人来参加修塔。他还下令从黎巴嫩运来雪松木作为建筑材料，用鎏金装饰塔顶神庙。据说这个工程用了5800万块砖，由此不难想象出通天塔的雄伟壮丽。波斯王攻下巴比伦后，也被通天塔的雄伟折服，竟一反征服者的破坏习惯，把这座塔保留了下来。

关于这座塔还有一个神奇的传说，它记载在《旧约》中。相传人类的祖先在底格里斯河和幼发拉底河之间定居下来后，日子越过越好，就想修建一座塔，到天上去看看，并取名巴别塔。他们找来砖和河泥，建起塔来。工程进展得很顺利，有一天，高高的塔顶已经插进了云霄。上帝耶和华见了，又惊又怒，心里想：人类既然能建出这么高的塔来，日后还有什么事情办不成呢？于是，上帝就玩了一个小伎俩，让人世间的语言发生混乱，彼此听不懂对方的话。这样一来，人们的思想无法交流，意见难于统一，通天塔也就无法建造下去了。

遗憾的是，巴比伦塔如今只剩下一块长满了野草的方形大地基的残迹。

麦加大清真寺位于沙特阿拉伯王国西部的麦加城中央，为伊斯兰教第一大圣寺。据说它始建于公元前18世纪，经过几千年的扩建和修葺，特别是沙特时代的扩建，总面积达到18万平方米，可容纳50万名穆斯林同时做礼拜。

17.安拉住过的天房

伊斯兰教规给信徒规定了“五功”（念、礼、斋、课、朝），其中的“朝”就是到麦加去朝觐。凡是有能力的穆斯林，一生中至少要到麦加朝觐一次。而只有亲自到麦加朝觐过的穆斯林，才能取得“哈吉”（朝觐者）的尊称，也就死而无憾了。

穆斯林信徒来麦加朝觐，有一项必做的功课，那就是游天房。天房位于大清真寺内广场的中央。它是一座高大的石殿，又称“克尔白”，在阿拉伯语里的意思是“方形的房屋”，传说真主安拉在这里住过。

天房高15.2米，长12.2米，宽10米，用褐蓝色的石块砌成，墙基用大理石加固，四个角依其所指方向分别称为伊拉克角、叙利亚角、也门角，东南角因镶有“黑石”，

称为黑石角。天房内有三根木柱昂然挺立，支撑着屋顶，殿门位于东北角，那里装有两扇金门，高3米，宽2米，是用286千克赤金精工铸造的。殿内用大理石铺地，殿顶每隔3米远就有一盏水晶吊灯，把整个殿堂映照得一片辉煌。天房自上而下终年用黑丝绸帷幔蒙罩，帷幔中间绕着一条长45米、宽95厘米的带子，上面用120千克镀银丝线绣着《古兰经》经文。每年朝觐活动开始前，帷幔就要更换一次，据说这一传统自伊斯兰教创立以来已经延续了1400多年。每年的回历七月和十二月，都要举行隆重的仪式，对天房加以洗刷，洗刷时沙特国王会亲临现场。洗刷过的水被收集起来，盛到容器里，连同用过的笤帚一起赠送给参加盛典的贵宾。

朝觐者按逆时针方向游转天房，要走七圈，而每当转到天房的东南角时，就会停下来，争先与镶在墙上的那块"黑石"亲吻，用手抚摸，实在挤不到前边，就举起双手以示敬意。"黑石"是一块长30厘米的陨石，呈褐色，略带微红，又称"玄石"，相传是先知易卜拉欣留下的遗物，所以被穆斯林视为神物。因为黑石上出现了裂缝，1844年时人们用银框把它镶嵌起来。

根据伊斯兰教的传说，天房是人类始祖阿丹所建，公元前18世纪由易卜拉欣和他的儿子伊斯梅尔重建。那块黑石原初洁白如奶，光芒四射，后来由于人类的罪恶太多，它才变黑了。易卜拉欣是伊斯兰教传说中的人物，被称为"安拉的至交"。他看到自己的父亲及其族人都崇拜偶像，而不信仰真主安拉，就请求真主显示奇迹。真主让易卜拉欣捉来四只飞鸟，将它们一一肢解，分别放到四座山峰上去。易卜拉欣按照真主的指示大声呼唤了几声，那几只鸟儿便自动恢复了原形，又展翅飞上蓝天。人们见了这情景很震惊，可是回到家里照样供奉偶像。易卜拉欣急了，就跑到神庙里把那些玉雕、木刻、泥塑的偶像全部打翻捣烂。族人们气坏了，就把他捉起来，五花大绑，然后在广场上燃起一堆熊熊大火，把易卜拉欣推进火里。不料想大火烧断了易卜拉欣身上的绳索，他本人却毫发未损，继续高声宣扬伊斯兰教的教义。人们终于相信了易卜拉欣，纷纷跟随他虔诚地诵读起《古兰经》来。

“哭墙”是犹太教的圣迹，又称西墙，还有“叹息之壁”之称。它坐落在耶路撒冷城中，是古代犹太国所罗门圣殿（俗称“第二圣殿”）的唯一残余部分，长约50米，高约18米，由大石块筑成。

18.哭泣千年的护墙

公元70年，罗马帝国皇帝希律王统治时期，极力镇压犹太教起义，数十万犹太人惨遭杀戮，绝大部分犹太人被驱逐出巴勒斯坦地区，当年所罗门王所建的圣殿几乎被夷为平地，只剩下一段断壁残垣。然而，在犹太人的心目中，这里残存的护墙就是故国的所在，家园的符号。公元初年，欧洲人认为耶路撒冷就是欧洲的尽头，而这面墙就是欧亚大陆的分界线。在拜占庭帝国时期，犹太人得到了在每年安息日重归故里的机会，每年的这一天，流落在世界各个角落的犹太人就会回到圣城耶路撒冷，在这面石墙前低声祷告，哭诉流亡之苦，所以这堵墙就得名“哭墙”。

据传说，所罗门圣殿被罗马人焚烧后，有人曾看见六位天使坐在一面残墙上哀声哭泣。天使的泪水渗入石缝，从而使圣殿剩下的这段残壁永远不倒。而据考古学家考证，在“哭墙”下边发现了五块巨型基石，这些石块都有2000多年的历史。考古学家用声波探测法测定，其中最大一块巨石约长13.6米，宽4.6米，高3.5米，重达570吨，据说是世界上第三大人造巨石。

如今，不仅是安息日，每逢宗教节日，都有很多犹太人来到“哭墙”前祈祷，游人就更多了。“哭墙”分为两个部分，中间隔着一道栅栏，男女分开进入。进入广场前，男士必须戴上用纸做的传统小帽，否则会被视为异教徒而不准入内；如果没有帽子，可以到入口处领取。在做正式祈祷时，要准备好两个装有《圣经》语录的小羊皮袋子，一个戴在头上，另一个捆在手臂上，身上披一件特制的披肩。教徒在祈祷时，有的围着一张方桌做宗教仪式，有的端坐在一条长凳上念诵经文，有的面壁肃立默默祈祷，有的长跪在地悲戚啜泣。不管采取什么方式，其虔诚之态都令人肃然起敬。

锡安山位于耶路撒冷旧城的南边，相传古犹太国王大卫曾在锡安山上建造了犹太教圣殿，从此锡安山成为犹太教的圣地和历代犹太人向往的地方。

19.圣山上的神石

锡安山上有一块长方形的岩石，长 17.7 米，宽 13.5 米，高出地面 1.2 米。在犹太教的记载中，上帝为了考验犹太人的始祖亚伯拉罕，就让他带着自己的独子以撒来到锡安山上，把他杀了献祭。忠诚的亚拉伯罕把儿子捆绑起来，放在这块石头上，刚把刀举起来，上帝派来的使者就阻止了他，让他用一只公羊代替。这个故事在犹太教的历史中占有极其重要的地位，这块岩石也被犹太教徒视为“圣石”。

而在比犹太教晚了 1000 多年的基督教的传说中，这块石头是上帝用泥土捏成人类始祖亚当的地方。因为这个传说，世界各地的基督教徒都渴望能有机会向这块石头膜拜。而在比基督教晚了 600 多年的伊斯兰教的传说中，这块石头是先知穆罕默德“夜行登宵”的踏脚石。

那是在穆罕默德创立伊斯兰教后的第九年，也就是公元 619 年的一个晚上，正在沉睡的穆罕默德忽然被大天使伽百利唤醒，让他骑上一匹头如女子的银灰色飞马，飞到耶路撒冷，在这里踏着一块石头升入九重天，聆听真主安拉的祝福和启示，然后又于当天晚上飞回麦加，伊斯兰教从此兴旺起来。这个神奇的故事被编进了穆斯林的教义，称为“夜行登宵”，而穆罕默德踩的那块石头，就是犹太教和基督教共同尊崇的那块石头。

既然是三教共尊的圣物，那就共同膜拜也好，但伊斯兰教徒不认可，他们说这石头上留下了先知当年踩下的脚印，于是就在这块石头周围修起了两座精美的清真寺，一座是阿克萨清真寺，一座是萨赫莱清真寺，由于那块岩石藏在萨赫莱清真寺里，而它又有一个由 16 根巨柱支撑着的金色圆顶，所以得名岩石圆顶清真寺。伊斯兰教徒还宣布这块地方是“尊贵的禁地”，这里就成了伊斯兰教的第三大朝圣地，而犹太教徒和基督教徒就与那块圣石缘悭一面了。

萨赫莱清真寺

佩特拉古城位于约旦南部，距离约旦首都安曼271千米。大约在公元前6世纪，纳巴泰人从阿拉伯半岛来到这一带，他们在岩石上雕凿出一座石头城，它的名字就叫佩特拉。在古希腊语中，"佩特拉"就是"石头"的意思。

20.岩石上凿出的城市

佩特拉曾经是中东地区一个强悍的国家，由于它扼守着阿拉伯商队东西贸易的隘口，希腊人、罗马人多次打过它的主意，但结果都是无功而返，因为它易守难攻，唯一的入口是一道狭窄的山峡。公元106年，罗马军队使了一招"断水计"，断了城内军民的水源，这才攻占了这座"石头城"。在罗马人手里，佩特拉继续扩建，一度成为罗马东部省城中的佼佼者。但随着南北商路的开通，佩特拉逐渐失去了原有的重要地位，竟然从人类文明的视线中消失了。

1812年，英国探险家约翰·贝克哈特来到约旦南部地区，他学了一口流利的阿拉伯语，把自己打扮成一名穆斯林，又找到当地的一名向导，这才找到了那个只存在于传说中的佩特拉。在销声匿迹了几百年后，佩特拉终于重见天日了。

佩特拉城中最雄伟的石雕建筑是卡兹涅陵墓。它是纳巴泰人在整块山石上雕凿而成的，高50米，宽30米，分上下两层，底层由6根直径2米的大圆柱支撑着前殿，构成堂皇的柱廊，二层是三组高大的亭柱，上面雕刻着九尊罗马式神像浮雕，虽然已经残缺，仍不失本来神韵。在阳光的照耀下，雕凿在沙石壁里的建筑闪烁着粉色、红色、橘色以及深红色等多种绚丽的颜色，再配上黄、白、紫三色砂石条纹，整个建筑流光溢彩，显得无比神奇。

卡兹涅陵墓里面十分宽敞，据说这里有四通八达的秘道和数不胜数的暗室，被历代佩特拉国王用来收藏财宝，所以它又被称为"法老的宝库"。著名电影导演史蒂芬·斯皮尔伯格曾选中这里拍摄《最后的十字军》(又名《圣战奇兵》)，影片中的那件宝物——"圣杯"就藏匿在卡兹涅陵墓里。

陵墓正上方有一个石头雕就的宝瓮，上边留着累累的枪眼。据说不管谁打碎这个石瓮，就会有数不尽的珠宝流淌出来，于是无辜的石瓮就遭了殃。

据考古学家推断，在全盛时期，佩特拉城的居民多达3万，其规模要比同时代的很多城市大得多。这样一座人烟凑集的城市为什么会人去城空，惨遭遗弃呢？有专家认为，导致佩特拉城衰亡的原因可能是天灾。公元363年，一场地震重击了佩特拉城，许多建筑沦为废墟，从此它渐渐地走向衰亡。也有专家认为，环境恶化可能是导致佩特拉衰亡的重要原因。为了建房和获取燃料，纳巴泰人乱砍滥伐，整个地区慢慢地变成沙漠。

博斯普鲁斯大桥横跨博斯普鲁斯海峡,全长1560米,宽33米,高165米,桥身高出水面64米,桥面可以并排通过六辆汽车,桥下可以通过各种大型船只。

21.跨越欧亚大陆的大桥

博斯普鲁斯海峡又称伊斯坦布尔海峡,在希腊语中是“牛渡”的意思。相传希腊神话中的万神之王宙斯曾爱上一位美丽的人间公主，不料这个秘密被他的妻子天后赫拉发现了。为了逃避赫拉的报复,宙斯将公主变成一头白色的小母牛,她从这条波涛汹涌的海峡游到对岸,寻找避难之所。

如果这件事情发生在今天,那位公主就用不着那么费劲了。在海峡南端最窄处,一条钢铁巨龙把欧亚大陆连结起来，也把土耳其首都伊斯坦布尔的东西两个城区连接到一起。大桥竣工时,其跨径名列欧洲第一、世界第四。

博斯普鲁斯大桥的两端各有一个呈“门”字形的桥塔,高达165米,拉起两条巨大的钢索,每根钢索由11 300根5毫米的钢丝拧成,支撑着整个桥面。1973年10月30日,博斯普鲁斯大桥正式通车,当天有25万人从欧洲过桥到达亚洲。过桥的时候,你会在大桥正中处见到一条白色的线,它就是亚欧大陆分界线。跨越这条线的那一刻,不管你是从欧洲进入亚洲,还是从亚洲进入欧洲,都会心潮起伏。

博斯普鲁斯大桥的建成,使得亚欧之间漫长的海上交通变成了便捷的陆上交通,桥上车流量与日俱增。为了缓解它的交通压力,土耳其人又在与博斯普鲁斯大桥遥遥相望的地方建成了第二条跨越海峡的大桥,于1988年7月3日正式通车。这座大桥以奥斯曼帝国苏丹迈赫迈特的名字命名,称为迈赫迈特大桥。东罗马帝国就灭亡在此人的手上,伊斯坦布尔的名字也是他改的。这座大桥长1 090米,宽34.4米,距水面64米。与博斯普鲁斯大桥一样,迈赫迈特大桥也没有桥柱,整个大桥维系在钢索上。

圣索菲亚大教堂位于土耳其首都伊斯坦布尔城中,原为拜占庭帝国东正教的宫廷教堂,也是君士坦丁堡的主教座堂。它建于公元537年,占地面积近8000平方米,仅中央大厅就占地5000多平方米。

22.躲过劫难的大教堂

东罗马帝国时代信奉基督教，东罗马人在拜占庭(即今伊斯坦布尔)建起了许多基督教堂,其中最大的要数圣索菲亚大教堂。“索菲亚”在基督教里是“上帝的智慧”的意思,所以这座教堂又被称为“圣智”大教堂。

公元537年，拜占庭帝国的查士丁尼大帝下令用人类的智慧建造一座教堂,以弘扬基督教的博大。查士丁尼大帝的旨意得到了完美的贯彻,建成后的圣索菲亚大教堂的确恢弘无比。它的外表是一座三拱长方形建筑,室内用四根通天大柱支撑起圆弧穹顶。这个圆顶高60米,相当于20层楼高,是世界上最有名的五大圆顶之一。穹顶和柱子的顶部布满了由一小块一小块玻璃组成的美丽的镶嵌图案,又以金银加以衬托,显得格外金碧辉煌。当人们仰头向大厅顶部望去时,很快就会感到头晕目眩。这座教堂完工后,历史学家普科匹厄斯曾来到这里参观,他这样写道:“教堂的穹顶看起来好像没有基座,仿佛是靠一条金链悬挂在天堂上。”不过,由于大厅极其宏伟,自然采光的亮度与大厅面积不成比例,因此显得大厅比较阴暗,加之浓郁的宗教氛围,让人有一种莫名的压力和恐惧感。

公元15世纪，奥斯曼帝国苏丹迈赫迈特率领20万大军把君士坦丁堡团团围住。站在地中海的大帆船上,遥望圣索菲亚大教堂的巨大拱顶,他豪迈地对手下说:“一定要血战君士坦丁堡,将这座教堂变成世界伊斯兰圣殿的中心。”迈赫迈特说到做到,城破之日,他第一个骑马来到圣索菲亚大教堂前,当场宣布将它改成清真寺,而城中豪华的罗马宫殿则被他下令全部放火化为灰烬。不久,奥斯曼土耳其帝国迁都君士坦丁堡,并将其更名为伊斯坦布尔。

圣索菲亚大教堂虽然保留了下来,却改名为阿亚索亚清真寺。阿拉伯人又在它的周围修建起四座高大的尖塔,使它有了几分清真寺的模样,但它的实质还没有变。在很多基督徒的心目中,它还是一座基督教堂。

非洲是世界第二大洲，略小于亚洲，约占地球陆地总面积的 1/5。西濒大西洋，北接地中海，东临红海与印度洋，南部则为大西洋和印度汇流水域。因赤道横贯非洲的中部，有 3/4 的土地受到太阳的垂直照射，所以非洲有一半以上地区终年炎热。非洲是“阿非利加州”的简称，而“阿非利加”在希腊文中就是“阳光灼热”的意思。在地理上习惯将非洲分为北非、东非、西非、中非和南非五个地区。北非通常包括埃及、苏丹、利比亚等国家；东非通常包括埃塞俄比亚、肯尼亚、坦桑尼亚等国家；西非通常包括毛里塔尼亚、塞内加尔等国家；中非通常包括乍得、喀麦隆、刚果等国家；南非通常包括赞比亚、安哥拉、南非等国家。

漫游世界第二站

东张西望游非洲

吉萨金字塔位于埃及首都开罗西南13千米处的吉萨地区。在这里一块高约30米的台地上，从北到南依次排列着三座金字塔，分别是胡夫金字塔、哈夫拉金字塔和孟考拉金字塔，通常称为“吉萨大金字塔群”。人们常说的位于世界七大奇迹之首的埃及金字塔（也是世界七大奇迹的唯一幸存者），就是指它而言。

1.地球上的奇迹

金字塔是古埃及法老（意为“宫殿”，借指国王）的陵墓。在古埃及文中，它被称作“庇里穆斯”，是“高”的意思。而金字塔是中国人的称谓，因为它的立面是三角形的，与中文的“金”字相似。根据学者们的研究，埃及金字塔的建造起源于这样的神话：古埃及国王奥西里斯被自己的兄弟杀害，凶手将他碎尸后扔到了尼罗河里。王后伊西丝悲痛欲绝，她找到了丈夫的遗体，伏尸痛哭。太阳神为之感动，就帮助她把碎尸还原，做成木乃伊。奥西里斯由此再生，成为冥界的主宰。法老们都相信这个神话是真实的，于是就在生前为自己修好了一个“永久的住所”，死后制成木乃伊后装入石棺，再送进陵墓。

古埃及的历代法老为自己修建了96座金字塔，其中最有名的就是吉萨金字塔。而在吉萨金字塔中，又以胡夫金字塔最为高大雄伟。胡夫金字塔也称大金字塔，建于公元前2690年左右，是古埃及第四王朝第二个国王胡夫的陵墓。它原高146.5米，因年久风化，顶端剥落，现高136.5米；底座每边原长230米，现长227米；塔底面积

5.29万平方米。在艾菲尔铁塔没有问世前，它在4500多年的漫长岁月中，一直保持着全世界最高建筑物的记录。

居中的金字塔是胡夫的儿子哈夫拉国王的陵墓，建于公元前2650年，比胡夫金字塔低了3米，但由于其所在地势较高，所以儿子的金字塔显得要比老爸的金字塔还要高一些，它的建筑形式也更加完美壮观，塔前建有庙宇等附属建筑。

第三座金字塔属于胡夫的孙子孟考拉国王，建于公元前2600年左右。当时第四王朝进入衰落时期，国力不济，金字塔建不了那么高了，只有66.5米，但装修十分精美。

面对着高高耸立的金字塔，人们不禁会产生这样的疑问：在遥远的古代，没有先进的机械设备，怎么能建成这么巨大的金字塔呢？公元5世纪时，古希腊历史学家希罗多德亲自来到埃及，实地对吉萨金字塔做过考察，留下如下记载：建造金字塔时，胡夫强迫所有的埃及人为他做工，10万人为一批，每批服役三个月，轮流替换。不计其数的古埃及奴隶从阿拉伯山拉来巨石，借助畜力和滚木，把巨石运到建筑地点，然后将场地四周天然的沙土堆成斜面，把巨石沿着斜面拉上金字塔，堆一层坡，砌一层石，逐渐加高金字塔。就这样，用了整整30年的时间，堆砌出令后人瞠目的奇迹来。

走近埃及

埃及全称为阿拉伯埃及共和国，位于非洲东北部。国旗呈长方形，自上而下由红、白、黑三个平行相等的横长方形组成，白色部分中间有国徽图案。红色象征革命，白色象征纯洁和光明前途，黑色象征埃及过去的黑暗岁月。埃及的国徽是一只金色的鹰，称萨拉丁雄鹰。金鹰昂首挺立，舒展双翼，象征胜利、勇敢和忠诚。鹰胸前为盾形的红、白、黑三色国旗图案。埃及的国花为睡莲。

那么，举当时埃及全国之力，就能把这样一座金字塔造出来吗？以胡夫金字塔为

例，它至少用了 230 万块石块，每块重约 10 吨。在没有任何起重工具的情况下，假如现场每天都有 1 万名砌石工人，每天都能将 10 块重达 10 吨的巨石推送上去，也要费时近 700 年，才能把这座金字塔建出来。胡夫金字塔的精确度也非常高，它的边长和角度的误差不超过一个人的大拇指；巨石之间拼接紧密，甚至连一枚硬币都插不进去。它的拐角处几乎是完美的直角，四个斜面正对着东西南北四方。当时的埃及人只有简单的石制或铜制工具，测量器也很粗糙，即使他们绝顶聪明，凭借如此简陋的工具，就能建造出如此精巧的金字塔来吗？

正因为围绕着吉萨金字塔出现了好多这样的疑问，所以有关它的传闻和猜测流传甚广。金字塔迷们津津乐道这样一个故事：当年拿破仑入侵埃及后，曾一个人在胡夫金字塔中住了一个晚上。第二天早晨出来时，他脸色苍白，浑身冒汗，但他拒绝说明发生了什么事情，还下令不准任何人在他面前提起金字塔。许多年后，拿破仑在临终前透露，当年他在金字塔内预见了自己的命运，但他随即又改口说："你们不会相信我的。"

狮身人面像位于哈夫拉金字塔前，高 20 米，体长 57 米，如果算上石块砌成的两个前爪，全长 72 米。它是世界上最古老和最大的一座狮身人面像，脸宽 4.075 米，鼻长 1.75 米，嘴大 2.30 米，耳长 1.952 米。雕像下巴上原先雕有胡须，长达 5 米。

2.面目全非的雕像

在古希腊神话中有一个狮身人面的女妖，她的头部和胸部是美女，背上生着两只老鹰的翅膀，尾巴却是一条毒蛇。她给自己取名叫"斯芬克斯"，意思是"绞死者"。在古希腊留下来的各种建筑物、墓碑或盾牌上，人们经常能发现斯芬克斯的形象。据考证，斯芬克斯在当时具有镇邪的作用。

匍匐在哈夫拉金字塔前的那尊狮身人面像与古希腊那个女妖没有什么瓜葛，寓意也截然不同。在古埃及，号称"百兽之王"的狮子常常被用来比喻那些勇猛的酋长，他们能够像狮子一样保护本部落的安全。而在传说中，狮子既是人间的守护者，也是地下世界的守护者。法老死后要成为天神，必须免遭外界的打扰，因此，狮身人面兽就成了当然的门神。

相传,这尊狮身人面像的面部是以法老哈夫拉为模特塑造出来的。当年建造这座金字塔时,这里是一片采石场。场内坚硬的石块都被采石工们开采出来造金字塔了,只剩下中间那片岩石含有贝壳之类的杂质,结构松散,派不上用场。公元前 2610 年,哈夫拉前来巡视自己未来的陵墓,发现塔前挡着一座山,颇不雅观,龙颜顿时不悦。有人揣摩出了法老的心思,就顺势将这座小山雕成一头雄狮,上边安了一个哈夫拉的头。于是,一件千古不朽的造型艺术品就这样诞生了。

狮身人面像建成之初,头顶上戴着皇冠,耳侧有扇状的头巾下垂,额头上装饰着圣蛇浮雕,据说它能喷射毒液,下颌长须直垂,标志着国王的威仪,脖子上挂着项圈,身上插着鹰的羽毛。面部表情慈祥,似乎还露出一丝神秘的微笑。经过几千年的风雨侵蚀,这样的狮身人面像早已不复存在,只剩下一个透着几分怪异的象形物。外层的红色胶泥大部分已经剥落,皇冠、圣蛇、长须都不翼而飞,项圈和彩绘无影无踪,头顶上固定皇冠的地方出现了一个四方形的深洞,简直是遍体鳞伤,惨不忍睹。

狮身人面像的变化如此之大,很大成分是人为造成的。据说当年大规模修筑金字塔闹得民怨沸腾,激起了不少次暴动,愤怒的民众把它的胡子、鼻子都敲掉的。还有一种说法,埃及法老把狮身人面像当作自己的守护神,强迫人民向它顶礼膜拜,这种做法激起了反对偶像崇拜者的反抗,用镐头破坏了它的面容。中世纪时,阿拉伯酋长马穆鲁率领军队攻打埃及,他手下的炮兵拿狮身人面像当靶子练瞄准,一炮轰出去,就把人面狮身像的笑容给打掉了。现在人们看到的人面狮身像,鼻边和嘴角都有些歪,据说就是那次炮击的结果。

关于狮身人面像的鼻子,还广泛流传着与拿破仑有关的说法。当年拿破仑远征埃及,来到吉萨金字塔群,曾下令炮轰狮身人面像,结果轰掉了它的鼻子。其实,这个说法是不真实的,早在拿破仑之前,就有狮身人面像缺鼻子的记载。

不知从何时起,狮身人面像下巴上的胡须就四分五裂了。1817 年,一个殖民主义者为了表示对大英帝国的“忠诚”,将一部分胡须献给了英国人,从此它就一直存放在大英博物馆里。这段胡须长 75 厘米,直径约 40 厘米,重达 400 至 500 千克。20 世纪 80 年代,经过埃及政府的多次交涉,这段胡须终于回到了故乡,却再也粘不到雕像的下巴上了。

关于狮身人面像的传说还有很多,其中有一段就记载在它两腿之间的一块大理石碑上,它名叫“纪梦碑”。相传公元前 1400 年左右,狮身人面像的身体部分

已经被滚滚黄沙淹没了，只有一个头露在外边。有一位王子出外打猎，休息的时候就在狮身人面像脚下睡了一觉。在睡梦中，狮身人面像对王子说："我现在呼吸困难，十分难受。你如果能帮助我把身上的沙子拿掉，我会帮助你成为埃及的法老。"王子一觉醒来，赶快动员大量人力，清理掉埋在狮身人面像身上的沙子。这位王子后来果然做了法老，就是图特摩斯四世。这个故事也许是图特摩斯四世自己杜撰出来的，以证明自己能占据国王的宝座完全出于神意。

底比斯古城位于开罗以南670千米的尼罗河岸边，它在古埃及中王朝和新王朝时代（约公元前2040~1085），曾两度成为埃及首都。在古埃及新王国时期，这里先后埋葬了第17王朝到第20王朝的64位法老。

3.法老的神秘诅咒

底比斯古城跨越尼罗河两岸，东岸是活人居住的地方，西岸布满了亡灵的墓穴。这里有一条偏僻的山谷，两边全是悬崖峭壁，在古埃及新王国时期，这里被法老们相中，纷纷在这里建造陵墓，后人称之为帝王谷。与此同时，他们在山谷的南边又给王后、王妃和公主们准备好了墓穴，后人称为王后谷。

以前的法老都给自己造金字塔，虽然里面机关重重，但毕竟是矗立在明处，最终逃脱不掉被盗的厄运，且不说随葬的珠宝被洗劫一空，尸骨也被人胡扔乱抛。为了让自己死后能安生一些，他们就把墓地建到人烟稀少的地方，而且从地上转移到地下。陵墓建成后，随即将建陵匠人悉数处死，然后用乱石堵住洞口，不留下丝毫痕迹，又立了许多假墓以乱人耳目。

据考证，自从第17王朝的开国国王在帝王谷中建造了第一座陵墓以后，500多年间这里先后埋葬了62位法老，据说这里还应该有11座王陵，只是还没有被发现。

尽管法老们煞费苦心，但他们死后还是无法安息。盗墓者和冒险家们挖空心思，将这些墓穴逐一掘开，带着惊人的收获扬长而去。到了18世纪，帝王谷早已变成了一片破败不堪的荒漠，许多墓穴的入口都敞开着，成为野狐、沙隼和蝙蝠的巢穴。

帝王谷

图坦卡蒙黄金面具

幸运的是，就在这条不知被人翻过了多少遍的山谷中，竟然还隐藏着一个幸运儿，它就是图坦卡蒙墓。图坦卡蒙是一位毫无作为的傀儡皇帝，在位仅9年，18岁时就夭折了。英国考古学家卡特发现并挖掘了他的陵墓，从中找到了3500多件文物，殉葬的财宝有2000多件，从出土到最后运往开罗博物馆，整整花了9年时间。

图坦卡蒙的棺椁共有七层，外面是四层木质棺椁，里面三层分别为石棺、硬木人形棺和黄金人形棺。最内层的黄金人形棺竟然是用整块的纯金片打制而成，长1.85米，宽0.513米，重134.3千克，还用蓝宝石、玻璃等进行了装饰。棺内盛着图坦卡蒙法老的木乃伊，其面部佩戴着黄金面具。这个面具高54厘米，宽约40厘米，色彩绚丽辉煌，称得上稀世之宝。

在图坦卡蒙陵墓中有很多地方都留有警告性的文字，如“谁扰乱了法老的安眠，死神将张开翅膀降临他的头上”等。这些文字显然是用来吓唬那些盗墓者的，可是事有凑巧，截至1930年底，先后有22位与图坦卡蒙王陵直接或间接扯上关系的人死于非命，其中有13人直接参与过陵墓的挖掘。据说这是“法老的诅咒”起了作用，一时令世人恐慌不已。

“法老的诅咒”到底灵不灵呢？如果不灵，那些神秘的死亡又如何解释呢？考古学家请来了生物学家，他们发现，在黑暗而潮湿的图坦卡蒙陵墓中生长着一种能致人死命的真菌。20世纪初时，人们还不明白隔离的重要性，也没有什么像样的防护装置，进入刚挖开的古墓时，只是拿一块橘子皮绑在鼻子下面，用以冲淡墓穴里刺鼻的异味。后来人们懂得了这个道理，一定要先“全副武装”，然后才敢进入墓穴，意外死亡的情况就再也没有发生过了。

4.两次被毁的古城

在腓尼基语中，迦太基的全称是“卡尔特—哈达什特”，意为“新的城市”。它出现的时间大约能推到公元前11世纪左右，其建设者是一位名叫狄多的公主，后来被迦太基人尊为女王。

狄多原来是狄尔王国(位于今黎巴嫩西海岸)的爱丽莎公主，国王死后，她的哥哥想独揽大权，就吞并了她的财产，又暗害了她的丈夫。爱丽莎恐怕哥哥暗害自己，就偷偷带着佣人漂洋过海，来到迦太基这个地方登陆。按照当地人的习俗，外来人占有的

迦太基古城位于突尼斯首都突尼斯城东北17千米处，濒临地中海，扼守突尼斯海峡，曾是奴隶制国家迦太基的首都。据史书记载，它建于公元前814年，占地300多公顷，比罗马城还早61年。在历史上，这座古城先后两次被毁，今天看到的遗迹多数是罗马人在其占领期间重建留下的。

地方不能超过一张牛皮大小。当地首领给了爱丽莎一张牛皮，她竟然将它剪成一根根又细又薄的皮条，然后用丝线缝起来，变成一根长长的皮绳。然后，她用这根皮绳围起了一大片地方，建起了迦太基城。

"若到突尼斯，必游迦太基。"这是旅行爱好者的俗语。而站在迦太基古城遗址前，人们的感叹常常不是因古城的兴废而起，而是起于狄多女王的爱情故事。

希腊联军攻陷特洛伊城后，特洛伊王子埃涅阿斯仓皇出逃，在地中海上漂泊了七年后，被大浪冲到了迦太基。贵为女王的狄多与他一见钟情，不仅自愿委身于他，还同意让他带来的部下在迦太基长期驻守。有了美人相伴，埃涅阿斯把复国的重任抛到了脑后，众神之父宙斯大为不满，便派使者下凡找到埃涅阿斯，提醒他不要忘记自己的使命。埃涅阿斯恍然大悟，当晚就离开了迦太基。狄多女王在万分绝望之时发下毒誓，让迦太基人和埃涅阿斯的后人永世为仇，然后用埃涅阿斯留下的宝剑结束了自己的生命。

后来，埃涅阿斯的子孙完成了复兴特洛伊的大业，建立起辉煌的罗马帝国，又为了争夺地中海的制海权与迦太基人开战。迦太基人最终战败，罗马元老院给罗马军队下了一道措辞严厉的命令，一定要把迦太基夷为平地。于是，一把大火烧了16个昼夜，将这座城市烧成一片白地。战争结束后，罗马人开始着手重建迦太基。经过几个世纪的努力，迦太基再度崛起，迅速发展成为仅次于罗马城的第二大城。公元698年，阿拉伯远征军征服了今天的突尼斯地区，罗马人重建后的迦太基城再次被毁，从此再也没有建起来。

阿波美王宫位于贝宁南部的阿波美城，这里曾是达荷美王国的首都，历史上以贩卖奴隶而繁荣一时，与“象牙海岸”“黄金海岸”相并列，被称为“奴隶海岸”。1625~1900年间先后有12个国王相继在位，建立了12座王宫，现今还有两座保存比较完好。

5.活人祭祀的礼仪

17世纪时，在西非中南部出现了一个强盛的阿拉达王国，国王奥想给自己的儿子赫维苏建一座宫殿，但他选中的土地属于一个叫达的部落首领，他拒绝让出土地，而且还扬言，除非他死了才可以建造宫殿。赫维苏率领效忠他的随从杀死了达，建立了一个新王国，取名“阿波美”，意思就是“建立在达的肚子上”。

1645年，阿波美王国建起了第一座王宫。此后历代阿波美王朝的国王在这里一共修建了12座宫殿，它们在建筑结构上大同小异，使用的也都是相同的材料：土坯外墙、茅草屋顶、木竹门窗。1892年，法国人攻进了阿波美城，将这个王国付之一炬，但有两座王宫得以保存下来，目前西非文物史料保存最完整的阿波美历史博物馆就是在它们的基础上修葺改建而成的。

对于游人来说，这个博物馆的第二展室最为惊心动魄。这里陈列着阿波美王朝历代君主的御座。它是用整块乌木雕刻而成的，花纹对称而细致，御座的四脚各垫着一个真人的骷髅，左右扶手前端也各镶嵌着一个骷髅。殿内有两盏长明灯，也是用骷髅挖空而成的，灯架则是用人的肱骨雕刻成的。御座上原先铺着一张人皮垫子，据说是用许多年轻男子背部的皮肤拼缝成的。

贝宁的历代王朝都有用活人祭祀的礼仪，不光是抓来外族的俘虏要杀头献祭，就连国王身边的人也没有安全感，而最危险的竟是国王的妻子。每天晚上，国王的母亲都要亲自为儿子从后宫数百名女人里选出一个来，让她第二天早晨给国王送早饭。在通往国王卧室那狭窄而低矮的入口处，摆着两块石头，据说它们都有魔力，日夜守护着国王。如果妻子送来的食物有毒，神石就会噼啪作响或者改变颜色。而神石一旦发出信号，那个女人也就倒霉了，立刻会被押到断头台上处死。有时候杀人并不需要理由，国王和大臣们为了一整天都能精神抖擞，心情舒畅，就在早上观看杀人仪式，砍下一个小伙或姑娘的脑袋。

贝宁这种活人祭祀的礼仪直到盖索国王时才被废除。盖索国王在位期间（1818~1858），阿波美王朝进入鼎盛时期，宫廷奢华，典礼隆重，而如今保存最完好的阿波美王宫就是这位盖索国王的宫殿。

卡苏比王陵位于乌干达首都坎帕拉西部，坐落在面积为30公顷的卡苏比山上，山腰的中心地带过去是布干达王国的王宫，建成于1882年，1884年以后成为皇家墓地。它占地约3000平方米，内有大小7座圆锥形草棚，安葬着穆特萨一世及其三位继任者。

6. 草棚王宫变王陵

公元1000年左右，乌干达境内存在着四个王国，其中地处南部的布干达于14世纪成为最强盛的王朝，它的势力曾扩展到尼罗河、维多利亚湖和坦桑尼亚边境地区。相传阿拉伯商人进入布干达地区后，把“布干达”误读成“乌干达”，今天的乌干达就由此得名。布干达王国一直存在到1967年乌干达建立共和国，在此之前700多年的历史中，这个王国出过35位国王，其中比较有名的是第30位国王穆特萨一世。他在位期间(1856~1884)，率先与阿拉伯人和欧洲人交往，先后接触了伊斯兰教和基督教，还离开王国的发祥地布西罗，把王宫建到日益发展起来的坎帕拉附近。接下来他又留下遗嘱，死后要将他的下颌骨与尸体一同葬在自己生前住过的王宫中。按照布干达人的风俗，国王的下颌骨象征着权位，所以国王死后下颌骨要与尸体分葬，因此先前的布干达国王都是一人两墓。到了穆特萨一世，这个先例才被打破。

1882年，新王宫按照穆特萨一世的旨意在坎帕拉西部的卡苏比山坡上落成了。刚过两年，他就去世了。人们遵照他生前的意愿，将他葬在卡苏比王宫中，就这样，王宫变成了王陵。在他之后，又有三位谢世的国王葬在这里，于是它就成了布干达王国最大的王家陵园。

卡苏比王陵的主院深处，兀立着陵园中最大的一座草棚，高约10米，底部直径15米。它就是穆特萨一世当年的王宫，而今是四位国王的安息之所。这座大草棚用一根根粗大的原木柱子支撑起来，不用一根钉子，不用一条钢筋，交叉处全用柔韧的藤条牢牢地捆扎着。屋顶用一束束棕榈树叶编织而成，厚度足有30厘米，严丝合缝，风雨不透。

草棚内部呈天穹状，仿佛教堂的拱顶。顶棚上有55个用棕榈叶编织而成的圆圈，它们由里向外，从小到大，一环套一环，犹如一石落水荡漾起的一圈圈波纹。这座草棚是当年布干达王国52个部落和国王共同负责建造的。最中间的3个小圆圈是穆特萨一世亲手摆放的，象征着国王至高无上的中心位置；剩下的53个圆圈代表着各个部落，依世袭顺序排列，象征着它们接受以国王为核心的布干达王国的统治。

草棚正中高悬着一块乌干达特产的无花果树皮布，恰似一道土黄色的幕布，将草棚一分为二。幕布前的地面上铺着细长而柔软的柠檬草，草上罩着编织精美的草席，专供前来祭祖或瞻仰的人在此盘坐。幕布下边是一块稍稍隆起的平台，上面并列着四位国王的象征性坟墓。坟前悬挂着他们的大幅画像，摆放着他们生前用过的长矛、大刀和盾牌。

在布干达部族人的心目中，这座大草棚就是圣地，凡是想跨进这道门槛的人，必须脱掉鞋子，以免亵渎神灵。进去之后，必须轻轻挪动脚步，以免打扰神灵。然而，布干达国王的遗骨并没有葬在幕布前边，而是藏在后边，俗称"森林"，任何活人都不准进去。相传布干达王国的开国帝王金杜，最后消失在一片森林中。因此，后来的任何一位国王去世，其灵魂都会随他进入森林。每当大福或大祸降临时，这些先王就会走出森林，把信息通知给活在世上的所有臣民。

平衡石公园位于津巴布韦首都哈拉雷南郊埃普沃思，公园里怪石林立，其中有一块被命名为"飞舟"的奇石，已经成为津巴布韦的国家象征之一，还被印制在津巴布韦发行的纸币和各种旅游手册上。

7.出自天然的奇石

津巴布韦石头多，这就造就了津巴布韦独特的石雕艺术，而平衡石公园中的石头则全部出自天然。这里名为公园，实际上是一片方圆十几千米的风景区。在莽莽苍苍的原野上，矗立着许多大大小小的石块，它们表面光滑，形状各异，有的状如蘑菇，有的形似小帽，还有的类似木船。当地人依据它们的形状，给这里的石头起了很多颇有意思的名字，如"修女帽""变色龙""战列舰"等。这里最有名的一块奇石名叫"飞舟"，由三块巨大的花岗岩石相叠而成，有鬼斧神工之妙，津巴布韦现行纸币正面的图案便是这组岩石。

平衡石公园中的石头大多和“飞舟”一样，或排成纵队，或层层相叠，或横躺斜卧，都是自然地堆垒到一起。它们一般都有几吨重，有的甚至达几十吨，但下面的支撑点都很小，风一吹过，似乎有些摇晃，却能傲视千年万年的风雨，始终保持着自己的平衡而不倒。平衡石公园的名字就是这样来的。

“平衡石”原来都是成片的红褐色火成岩，在冰川作用下出现裂隙，又经过成千上万年的腐蚀和风化，才演变出如此美妙的自然奇观。

西诺亚洞位于津巴布韦首都哈拉雷西北120千米处的山区，坐落在一片高低起伏不平的丘陵之中。它是一处古人类穴居的遗址，这里的水潭有“魔潭”之称。

8.“魔潭”的奥秘

西诺亚洞是1887年发现的，周围绿树成荫，杂花遍野。沿着一条小径走去，你会在地面上发现一个直径4米左右的洞口，洞身有几十米长，以45度的坡度向地下斜伸。从洞口到洞的中部有一排石台阶，这是近代人开凿出来的，为游人进出洞口提供方便。

从洞的中部再往下走，又能看到一些石台阶，这些是原始人开凿出来的。从山洞中拾级而下，越往下走，洞身越宽，进到洞底则豁然开朗，而且还有光亮。这光亮不仅来自洞口，还来自三个“窗户”，其中两个是洞顶上的石孔，它们比较小，最大的“窗户”笔直地伸向地面，阳光可以从这里直接射入洞内。

在这个最大的“窗户”下边，有一个深潭，潭水呈深蓝色，闪动着晶莹的光芒，宛若一块巨大的宝石。这个深潭与一条地下暗河相通，清澈的潭水潜流过15千米后，又会流到地面上来。

西诺亚洞最神秘之处就在这个深潭。潭面只有10余米宽，却似乎有一股魔法般的引力，即使是大力士，也绝对无法将一块石头从水面上扔过去，飞石一过潭面，必定会下坠入水。有人不服气，就用枪朝对岸射击，可是子弹射出去后，还没等击中深潭对面的石壁，就如同被什么神力吸住了似的，往下一栽就溅落潭中。这类实验做过很多次，结果都是一样。于是，西诺亚洞中的这个水潭就得名“魔潭”，而它的奥秘至今也没能揭开。

拉利贝拉岩石教堂位于埃塞俄比亚首都亚的斯亚贝巴以北300多千米处的拉利贝拉，这里有一片海拔2600米的岩石高原，在公元12世纪后期的拉利贝拉国王统治时期，人们在岩石上开凿出了11座教堂，被称为"非洲奇迹"。

9.凿石而出的教堂

拉利贝拉是埃塞俄比亚的第七代国王，在他呱呱落地的时候，一群蜜蜂围着他的襁褓飞来飞去。年轻的母亲担心儿子被叮，就使劲驱赶这些蜜蜂，可是怎么赶也赶不走。莫非儿子将来能接替王位？母亲心中一动，就给刚出生不久的儿子取了个名字叫拉利贝拉，意思是"蜂宣告王权"。

拉利贝拉渐渐长大了，他的哥哥不想让他占去王位，就暗中给他灌下慢性毒药，拉利贝拉长睡不醒，一连三天都没能睁开眼睛。醒来后他对别人说，在梦中他见到了上帝，上帝指引他前往耶路撒冷朝圣，还指示他回来以后在柔哈建立一座"黑色的耶路撒冷"，并要求他用一整块岩石建造教堂。

拉利贝拉当上国王后，动用两万人工，手持最原始的工具，花了24年的时间，在号称"非洲屋脊"的岩石高原上挖凿出了11座教堂，柔哈小城顿时名声大振，人们便用国王拉利贝拉的名字为它重新命名。

拉利贝拉11座岩石教堂沿着一条大部分干涸的溪流分布开来，分为两个截然不同的群体。一个群体由耶稣基督教堂、圣玛利亚教堂、圣弥额尔教堂、加尔瓦略教堂和三位一体教堂等组成，另一个群体由墨丘利教堂、加俾厄耳教堂、拉法厄耳教堂以及圣乔治教堂等组成，又依靠着地下通道连成一个整体。这些教堂有四座是在整块石头上开凿的，其余的要小一些，用半块石头凿成。与人们常见的教堂不同，拉利贝拉岩石教堂几乎没有高出地平面的，还有几座干脆开凿在地下，用雕刻在岩石上的立面向信徒标示其位置。

凡是亲眼见到过拉利贝拉岩石教堂的人，无不惊叹于它的鬼斧神工。这里没有一砖一瓦，一石一木，整个教堂浮雕一般出现在赭红色的火山岩上。石头教堂的每一根柱子，每一级台阶，每一个窗户格都是掏空岩石而成型的。想当年埃塞俄比亚人一定对基督怀有极其虔诚的信念，不然的话别说凿石建教堂，就是削平一小块石崖，其艰难程度也足以令人望而却步。

廷巴克图又名“通布图”，也译为“丁布各都”。它位于撒哈拉大沙漠南缘，尼日尔河中游北岸，是古代西非和北非骆驼商队的必经之地。历史上这里曾是伊斯兰文化中心之一，与开罗、巴格达和大马士革齐名。

10.地图上的“大象”

廷巴克图的辉煌历史起源于贸易通道，它横贯撒哈拉沙漠，与东方的“丝绸之路”齐名。从公元14世纪中叶起，廷巴克图相继成为马里帝国和桑海帝国的重要都市，在阿斯吉亚王朝(1493~1591)时期，非洲的能工巧匠们在这里大显身手，使这座城市面貌大改。最能体现廷巴克图面貌的建筑首推清真寺。在撒哈拉沙漠以南的非洲地区，廷巴克图是最早皈依伊斯兰教的城市，世界各地的伊斯兰学者纷纷来这里讲学布道，著书立说，使这里成为七座伊斯兰教圣城之一。在最鼎盛时期，廷巴克图集中了西非文明的最高成就，图书馆最多时就有120所。

廷巴克图保存至今最著名的伊斯兰古建筑是廷巴克图大清真寺，也称穆萨清真寺或康康清真寺。它建于马里苏丹艾尔·哈吉·康康·穆萨执政时期，由著名的伊斯兰建筑师阿布·杜德吉设计，始建于1325年，完工于1330年，后来几经重修扩建，成为一组庄严肃穆而又宏伟壮观的伊斯兰建筑群。这座清真寺由三座内院和两座宣礼塔组成，其中一座宣礼塔为全市最高建筑。清真寺墙面呈深黄色，上面饰有各种图案和浮雕，还刻有许多经文。寺内东西向有8排立柱，南北向有25排立柱，林立的立柱烘托出这里宏伟的气氛。

17世纪以后，骆驼队被大西洋上的海船所取代，廷巴克图也跟着衰落下来，似乎很快就灭绝了。西方人甚至只知道廷巴克图这个名字，却不知道它的具体方位。当时绘制非洲地图的西方地理学家，对非洲了解甚少，像廷巴克图这种传说中的地方，只能画头大象来表示。1824年，法国科学学会提供了一笔一万法郎的奖金，奖给第一位探访廷巴克图并能撰写出一份考察报告的欧洲人。旅行家卡耶接受了这项挑战。1827年，他身穿阿拉伯长袍，把自己打扮成一个刚刚逃脱法国人魔掌的埃及人，跟着商队混进了廷巴克图城中。卡耶知道当地的穆斯林和基督徒势不两立，于是他就手里捧着一本《古兰经》，遇见人的时候就假装读经，没有人的时候，就匆匆在经文旁边写下自己的见闻。最终，卡耶成功地返回了欧洲，从此廷巴克图向西方人褪去神秘的面纱，“大象”被挪走了。

哈桑二世清真寺坐落在摩洛哥首都西部最大的海滨城市卡萨布兰卡，总占地面积9公顷，可同时容纳10万人做祷告，于1993年8月30日竣工并开放，总投资达5.4亿美元。

11.国王的梦想

哈桑二世清真寺是目前西北非地区最大的现代化清真寺，还是世界上第二大伊斯兰教寺院，仅次于位于麦加的大清真寺。

这座清真寺不仅规模宏大，而且极具特点。它的三分之一部分直接建在大西洋里，其余部分与陆地相连。从海滨大道上远远望去，它就像一艘即将起锚的帆船，迎着海浪昂首向前。而那座172米高的宣礼塔，则是一座灯塔，为航行在大西洋上的船只导航。

哈桑二世清真寺是以已故摩洛哥国王哈桑二世的名字命名的，而它的建造据说缘于国王的一个梦。有一次，哈桑二世在梦中听到安拉的真言："真主的宝座应建在水上。"一觉醒来，国王便决定修建一座大清真寺，以感谢真主对摩洛哥国家和人民的庇护。哈桑二世统治摩洛哥30多年，国泰民安，在人民群众中威望很高，听说国王有这样一个梦想，便举国开展捐赠活动，很快就筹措到5亿多美元的资金。摩洛哥人请来法国著名建筑设计师米歇尔·潘索承担工程的设计任务，并于1987年8月1日破土动工兴建。经过3.5万名劳工和技术人员的日夜修建，终于使这座大清真寺建成启用，国王的梦想变成了现实。

哈桑二世清真寺通体采用白色大理石砌成，分为主体大殿和露天广场两部分。寺内的礼拜堂长200米，宽100米，高60米，可容纳25 000名信徒，寺外宽阔的广场上可容纳80 000人同时礼拜。主体大殿的屋顶可以遥控开启，只要按动电钮，寺顶就会在几分钟内自动开启，阳光便直射进来。25扇自动门全部由钛合金铸成，可抗海水腐蚀。正门重35吨，据说只有国王来了才会打开。高高的宣礼塔可乘电梯直达塔顶，从这里发出的诵经声可以传到市区的每一个角落。寺内还设有会议厅、演讲厅、博物馆以及世界上最大的伊斯兰图书馆等附属建筑。其中图书馆里珍藏有英国女王伊丽莎白二世赠给哈桑二世清真寺的一本1000多年的《古兰经》真本。

好望角位于非洲大陆西南端，北距南非第二大城市开普敦48千米，西濒大西洋，东面为福尔斯湾，北连开普半岛。这一带地处大西洋和印度洋相会之处，苏伊士运河未开通之前，这里是欧洲通往亚洲的海上必经之路。

12.好望角是“多难角”

1488年，葡萄牙航海家迪亚士奉葡萄牙国王之命，率领三艘帆船沿着非洲西海岸南下，途经好望角附近的洋面时，突然遭遇风暴，海面上巨浪滔天，把船员们吓得魂飞魄散。船队经过两天的奋力拼搏，才绕过骇人的海角，驶进风平浪静的非洲西海岸。望着海角消失的方向，惊魂未定的迪亚士给它取名为“风暴角”。1488年12月，迪亚士返回里斯本，向葡王报告航海经过，提到那个新发现的“风暴角”。葡王不同意这个叫法，他认为这是一个好兆头，只要绕过这个风高浪急的海角，就有希望到达遍地是黄金的东方大陆，于是他就把“风暴角”改名为“好望角”。

关于好望角的名称由来，还有一种说法。1497年，葡萄牙另一位探险家达·伽马率领远航船队成功地绕过“风暴角”，驶入印度洋，并于次年5月抵达印度西南海岸，然后满载黄金、丝绸和香料回到葡萄牙。葡萄牙国王约翰二世得到这个好消息后，兴奋之余就把“风暴角”改名为“好望角”，认为只要绕过这一海角就能带来好运。

好望角多惊涛骇浪首先跟这一带多大风有关。每年夏季11月至来年3月，强劲的东南风持续不断地扫过好望角，时速可达120千米。如此大风蚊蝇极难存活，因此一刮大风，当地人就说这是“开普医生”来了。不刮风的日子，好望角一带的海面照样是“无风三尺浪”，原因是这里地处大西洋和印度洋交界处，不同流向的湍急洋流相互撞击，就引起了海面的激荡。

好望角的英文名称是“好希望”的意思，而实际上这里是一个“多难角”。迪亚士1500年再一次来到好望角时，葬身于这里的海浪之中。在好望角对面1000米处的海面上，常常会泛起一堆孤独的雪白浪花。据当地人说，那不是岩石和暗礁造成的，而是数百艘沉船造成的。1968年6月，一艘名叫“世界荣誉”号的巨型油轮装载着49 000吨原油驶入好望角，遭到了高20米的狂浪袭击，巨轮就像一根木棍似的被巨浪轻松地折成了两段。据20世纪70年代以来的不完全统计，在好望角海区失事的万吨级航船已有11艘之多。

西欧狭义上指的是欧洲西部濒临大西洋的地区和附近岛屿，包括英国、爱尔兰、荷兰、比利时、卢森堡、法国和摩纳哥。通常也把欧洲资本主义国家叫西欧。西欧自文艺复兴特别是工业革命以来，经济迅速发展，军事实力大幅度增强，于是逐渐向世界各地扩张，掠夺了大量财富，正是有了这个基础，西欧各国如今都成了发达国家，其富裕程度远远高于发展中的亚非国家。

漫游世界第三站

东张西望游西欧

伦敦塔坐落在英国首都伦敦东南角的塔山上，位于泰晤士河北岸，虽然以塔为名，实际上是一座诺曼底式的城堡。1087年，征服者威廉一世决定修建伦敦塔，准备以它来抵御敌人的攻击，保卫伦敦城，所以把它建造得很结实。伦敦塔建成后，英国历代国王都喜欢在这里居住，于是它就成了王宫。英国的新任国王举行加冕礼前，则必须住在这里，这已经成了王室的惯例。

1.国家监狱伦敦塔

整个伦敦塔建筑群的主体是位于中心的塔楼，又称大塔或中央要塞，它是用乳白色的石块砌成的，所以人们通常叫它白塔。白塔是1097年威廉二世时建成的，用来给城堡主人提供住处。白塔建成后不久，伦敦的几处监狱人满为患，白塔旁边的地下室就被辟成地牢，用来关押犯人。在此之后，越来越多的犯人被押解到这里来，于是白塔以至于整个伦敦塔逐渐变成了一个国家大监狱。伦敦塔的西南角有一道水门，是整个城堡唯一的入口，被判处押进伦敦塔监禁的犯人，都必须经过泰晤士河，再经过水门才能进到塔内，所以这道水门就得名“叛逆者之门”。

伦敦塔建成后的几百年间，这里不知葬送了多少显赫一时的人物。亨利八世的第二位皇后名叫安妮，因为她没有给国王生儿子，就遭到了厌弃。亨利八世指使贵族法庭给安妮加了个通奸的罪名，以此判处她死刑。行刑前，安妮请求用剑刺死她而不要动用斧头，因为她不想让自己洁白而美丽的脖子遭到破坏。亨利八世满口答应，还专门派人到法国给她请来了最好的剑客。也许是安妮王后死得太冤枉，所以相传她死后经常有人在伦敦塔内看见她的冤魂走来走去。

1483年，爱德华四世驾崩后，他的弟弟理查德废掉了刚刚即位的爱德华五世，自已登基称王，就是理查德三世。不久，年仅13岁的爱德华五世和他的弟弟就失踪了。有人说他们俩被理查德带进了伦敦塔，又被他指使心腹残忍地杀害了。这个传言尽管没有确凿的证据，但1674年塔中确实发现了两具男孩的骨架，似乎传言不虚。传言又说，这两个孩子的冤魂始终没有离开伦敦塔，一到晚上就出来游荡，所以得名“塔中王子”。

伦敦塔最后一次作为监狱使用是在第二次世界大战期间。1942年，希特勒的副手鲁道夫·赫斯叛逃到英国，盟军方面一时不敢相信他的自我表白，就把他送到伦敦塔里关了四天。

如今的伦敦塔早已不关押犯人了，但这里还有“囚犯”，那就是塔中被喂养的渡鸦。伦敦塔里的渡鸦有专人饲养，吃得胖胖的，却飞不高，这是因为它们的翅膀经常被修剪。英国民间流传着一个古老的传说，如果有一天渡鸦抛弃伦敦塔而去，那么伦敦塔就会倒塌，王朝也会随之而崩溃。为了防止渡鸦飞出伦敦塔，饲养人员就定期给它们修剪翅膀，于是有人戏称它们是伦敦塔内“最后的囚徒”。有一年刮大风，一只渡鸦飞出了伦敦塔，伦敦警察紧急出动，很快就把它找了回来，让伦敦人虚惊了一场。

伦敦塔有个保留节目。自从1458年以来，每天晚上伦敦塔都要举行例行的上锁仪式。

9时55分时，伦敦塔卫兵队长就会带着四名背着老式步枪的卫兵，提

走近英国

英国的全称是大不列颠及北爱尔兰联合王国(The United Kingdom of Great Britain and Northern Ireland)，位于欧洲大陆西北海岸以西，是不列颠群岛的主要部分。全境由大不列颠岛(包括英格兰、苏格兰、威尔士三部分)、爱尔兰岛东北部及附近许多小岛组成，隔北海和多佛尔、英吉利海峡与欧洲大陆相望。英国的国旗由深蓝底色和红、白色“米”字组成。旗中带白边的红色正十字代表英格兰守护神圣乔治，白色交叉十字代表苏格兰守护神圣安德鲁，红色交叉十字代表爱尔兰守护神圣帕特里克。英国的国徽即英国皇室的徽章，中心图案为一枚盾徽，盾面左上角和右下角两部分图案相同，红地上绘有三头金狮，象征着英格兰；右上角半站立的红狮象征着苏格兰；左下角的金黄色竖琴象征着爱尔兰。盾徽左侧是一只头戴王冠代表英格兰的狮子，右侧是一只代表苏格兰的独角兽，盾徽周围用法文写着一句格言：“恶有恶报。”上方有一顶金银相嵌的头盔，盾徽底部的白色丝带上写着英王的座右铭：“神赐予我权利。”英国的国歌名叫《上帝保佑女王》，如果在位的君主是男性，国歌就改为《上帝保佑国王》。英国的国花是玫瑰花，国鸟是红胸鸲。

着一盏灯笼向城堡外围的三座大门走去，将它们关闭上锁。回来的时候，站岗的卫兵喝问道："站住！谁在走动？"卫队长回答道："钥匙。""谁的钥匙？""伊丽莎白女王的钥匙。""走吧！伊丽莎白女王的钥匙，晚安！"

结束了这套固定的口令后，卫队长和那四名卫兵继续前进，来到白塔前已经列好队的卫兵面前，脱帽高呼："上帝保佑伊丽莎白女王！"卫兵们齐声高呼："阿门！"然后，在军号声中，卫队长把城门钥匙交给总管，存放在"女王宫殿"中。这时候正好是10时整，仪式正式完毕。

泰晤士河是英国南部的主要河流，伦敦附近的泰晤士河上建有28座桥梁，伦敦塔桥是从泰晤士河口算起的第一座桥，因为它靠近著名的伦敦塔，所以得名伦敦塔桥。

2.能开能合伦敦塔桥

伦敦塔桥的前身是一座木桥，后来改成石桥，到了19世纪20年代时，又建成一座花岗岩桥。现在人们看到的伦敦塔桥完工于1894年。整个桥身由四座塔形建筑物连接起来，桥中间的两座塔高耸在泰晤士河上，使它显得比世界上任何桥梁都更为宏伟。从外表看，大桥两端的塔桥是石头砌的，实际上塔身的结构主要是钢铁的。

伦敦塔桥的设计师霍拉斯·琼斯无疑是一位天才，早在100多年前，他就想出了一个绝妙的拼组方案。大桥中间分上下两层，上层是宽阔的悬空人行道，两侧装有玻璃窗，行人从桥上通过时，可以饱览泰晤士河两岸的美丽风光；下层可供车辆通行，而且可以开合。当泰晤士河上有万吨巨轮鸣笛而来时，主塔内的机器就会启动，桥身慢慢分开，向上折起，船只过后，桥身再慢慢地落下，恢复车辆通行。两块活动桥面各重达1000吨。塔桥刚竣工时，第一个月便开启了600次，而现在每年才开启500次左右。

有了新的铁桥，原来那座花岗岩桥就闲置起来了。精明的美国人觉得它很有利用价值，就拿出200万美金把它买了去，又拿出400多万美金把它原封不动地搬到了亚利桑那州的哈瓦苏湖城。这件事情在当时轰动一时，人们纷纷说这是大英帝国衰落的象征,所以才把自己家里的古董拿出去换钱花。

伦敦塔桥最初设计时,只考虑到当时城里的马车数量,没有想到现在每天有 40 000 辆机动车通过大桥,而当桥下有大船通过时还得开启桥衔,如此繁忙的交通难免要出点儿麻烦。有一年美国前总统克林顿来英国访问,当他的车队到达伦敦塔桥桥头时,桥面已经升起,克林顿一行被堵在了塔桥的南边,足足等了 10 分钟,桥面才合拢。在这 10 分钟里,克林顿的保镖们成了世界上最提心吊胆的人。

3.议会大厦与大本钟

泰晤士河西岸坐落着世界上最大的哥特式建筑群,它就是威斯敏斯特宫。历史上这里曾是英国的王宫,如今是英国最高立法机构——上院和下院的所在地,所以又称议会大厦。它占地 3 万平方米,内有 1000 个房间。

自从 13 世纪以来,威斯敏斯特宫就是英国议会开会的地方,同时兼做国王宫殿。每当议会开幕时,女王就会驾临这里的中央大厅,主持开幕典礼。女王发表演说时,身穿贵族服饰的上院议员坐在红皮长条椅上听讲,而下院议员和内阁大臣以及首相,都得站着听讲。普通公民可以在旁听席上观看议会进程。

议会大厦前边是一个宽敞的广场,广场上对称地排列着一尊尊英国历史人物的雕像,每天都吸引了很多游客前来瞻仰。19 世纪初,议会大厦前边经常发生马车轧人的事故。当时英国中部的约克城里有个风俗,穿红衣服的女性表示她已经结婚了,穿绿衣服的人表示她还未婚。有人受此启发,就在议会大厦前的广场上安装了红绿两色的交通信号灯,这是世界上第一盏城市街道信号灯。

议会大厦作为伦敦最壮丽的建筑,其特色主要体现在大本钟上。它是一座钟楼,位于议会大厦的东北角,高达 79 米,钟楼的上部镶嵌的那个特大号钟就叫大本钟。它整体重 21 吨,表盘直径为 6.7 米,时针和

分针的长度分别为2.75米和4.27米，光钟摆就重达305千克。这个大钟是1859年由当时的英国工务大臣本杰明·霍尔爵士监制的，为了纪念他的功劳，人们便以他名字的爱称把这座钟楼称为"大本钟"。

自从建成以来，大本钟每隔一小时就敲响一次，钟声清晰而动听，远远地就能听得见。一到夜晚，大本钟就被灯光照耀得通体明亮。

议会大厦西南角还有一个高塔，名叫维多利亚塔，要比大本钟还高出19米，全是石头砌成的，不怕火烧，议会的重要文件档案都藏在这里。看上去它要比大本钟还要引人注目，但就是名气不如大本钟。

在议会大厦旁边有一条既短又狭的横街，它就是唐宁街。这条街道只有两个牌号，10号是首相官邸，12号是财政大臣官邸。这里的建筑很普通，却是英国政府的神经中枢所在。

在议会大厦的西侧，耸立着举世闻名的威斯敏斯特大教堂。它建于1065年，既是英国国教礼拜堂，又是历代国王举行加冕典礼、王室成员举行婚礼的大礼堂，还是国葬陵墓。

4.诗人角

作为英国的国葬陵墓，许多英国历史上的帝王和皇室成员都葬在威斯敏斯特大教堂中。不过，这里并不是皇家的专用墓地，许多英国著名的科学家、艺术家、政治家和社会名流，如达尔文、牛顿、丘吉尔等人都安葬在这里。

在威斯敏斯特大教堂南边有个小角落，名为"诗人角"，埋葬着120位已故的英国作家和诗人，如狄更斯、哈代、丁尼生、女诗人勃朗宁等。由此可见，诗人和作家在英国享有很高的地位。英国的戏剧大师莎士比亚没有安葬在这里，但在这儿竖有一个全身塑像。"诗人角"的第一个住客是号称英国诗歌之父的乔叟。尽管他是《坎特伯雷故事集》的作者，但当时他是以朝廷官员的身份被葬在这里的。由于当时的国王对他心存疑忌，教堂再三斟酌，便把他的墓穴安排在一个角落里。乔叟之后，很多英国作家和诗人都以葬在他身边为荣，于是这个不引人注意的角落也就逐渐变成了诗人、作家们“聚会”的地方。

本·琼森是英国17世纪的著名诗人和剧作家，英王查理一世很看重他的才华，亲口答应他死后可以在威斯敏斯特大教堂中任意选定一个地方下葬。1637年8月6日本·琼森去世后，人们惊讶地发现他所挑选的地方仅有大约18平方英寸的面积。查理一世为了履行自己的诺言，只好命人将他的棺木竖起来下葬，让他遗体的头部指向天空。本·琼森晚年贫穷潦倒，人们猜测，他之所以这样做，很可能是因为花不起丧葬费用。多年之后，有人在他下葬的地方给他安放了一个半身塑像。

特拉法加广场是伦敦最大的广场，坐落在伦敦市中心。这个广场是为了纪念著名的特拉法加海战而修建的。

5.大广场与小派出所

1804年5月，称帝不久的拿破仑迫使西班牙舰队同他一道渡海进攻英国，英国军民被迫奋起还击。10月21日，英国海军上将纳尔逊指挥的英国舰队，在西班牙的特拉法加港外的海面上与法国、西班牙联合舰队遭遇。英国舰队以少胜多，使法、西舰队惨遭失败。不幸的是，当海战胜利结束时，纳尔逊上将因中了法国炮舰“恐怖号”的流弹而牺牲。为了纪念这位为大英帝国立下不朽功勋的海军上将，每年的10月21日，都有许多人到特拉法加广场举行悼念仪式。

在特拉法加广场中心，竖立着一座56米高的圆柱形纪念碑，石柱上端挺立的纳尔逊的全身戎装铜像，是用特拉法加大海战中缴获的铜炮铸成的。石柱底下是高大的方形石座和多层台阶，石座的四壁镶着纳尔逊所指挥的四场著名战役的铜雕。最低一层台阶的四角，安放着四只大铜狮子。

特拉法加广场以鸽子多而著称，又叫“鸽子广场”。这里的鸽子不怕人，游人只要拿出谷米一类吃的东西，鸽子就会飞到人的头上、肩上，甚至会落到游人的手上。

每当圣诞节或除夕等节日来临时，特拉法加广场上便会张灯结彩，成千上万的伦敦居民拥到广场上通宵达旦地狂欢。即使是互不相识的男女，也会彼此送上香吻和祝福，场面相当热闹。

最有趣的是，在这个伦敦最大的广场的东南角有一个派出所，设在一根中空的电灯柱内。它是英国最小的派出所，里面只能容纳两名警察。

位于伦敦西区的白金汉宫是英国王室生活和工作的地方。当今的英国女王伊丽莎白二世常在这里召见首相和大臣，接见和宴请外国元首，接受外国使节递交国书等。

6.王室居处白金汉宫

白金汉宫的前身是白金汉大厦，归白金汉公爵约翰·谢菲尔德所有，英王乔治三世即位后，花了 2.8 万英镑把它买下来，变成他的住所。1821 年，英国最著名的建筑师约翰·纳什按照乔治四世的旨意，在白金汉大厦的基础上设计出一座极为奢华的宫殿，连扶栏都是雕花镀金的。1897 年这项工程完工时，全部费用竟高达 71.9 万英镑。

如今的白金汉宫金碧辉煌依旧，但已经不是绝对的皇家禁地，其中一部分对外开放。凡是游览过白金汉宫的人，都会对这里的花园留下深刻印象。它占地近 16.2 公顷，是伦敦最大的私人花园。造型优美的石雕、别致幽雅的亭阁，还有一湾碧波荡漾的湖水，一群粉红色的火烈鸟在湖面上飞来飞去。每当夏天园中百花盛开的时候，女王就会在这里举行盛大的花园招待会，邀请各界名流以及各国驻伦敦的外交官，前来与王室成员一道观赏园中美景。招待会上，男宾们身穿燕尾服，头戴高顶礼帽，女宾们的服饰也是古香古色，让人恍惚间回到了中世纪。

白金汉宫主楼南侧是王室的马厩，里面喂养着一批又高又大的黑色御马。每逢女

王离开白金汉宫出席典礼性的国事活动时，就要乘坐由这些御马拉的一辆漆金的四轮大马车。外国使节前往白金汉宫递交国书时，皇家的典礼官也会派出皇家马车，把他们接进王宫。

尽管如今的国王只是名义上的国家元首，但毕竟是国家和民族的象征，所以需要张扬威仪。每天上午 11 时 30 分，皇家卫队都要在王宫的前院举行一次换岗仪式。随着铿锵有力的军乐声，身着红色制服、头戴熊皮帽子的皇家卫队官兵们，一丝不苟地迈着正步，除了手中的步枪是现代化的，其他一切都是传统的沿袭。每逢到了女王生日那天，所有的王室卫队成员都要集中在白金汉宫前的广场上，等待女王的检阅，观众人山人海，成为伦敦城的一大盛举。

每年的四月和六月还有周末，英国女王以及王室成员就会离开白金汉宫，来到伦敦西郊的温莎堡居住。温莎堡矗立在泰晤士河畔的一个小山头上，外观气势宏伟，与它作为英王离宫的身份完全匹配。1908 年第四届奥运会在伦敦举行时，为了方便英国王室人员观看马拉松赛，特意将起点设在温莎堡的阳台下，终点设在奥林匹克运动场内，起点到终点的距离经丈量为 26 英里 385 码，折合成 42.195 公里。后来，国际田联就将这个距离确定为马拉松跑的标准距离。

温莎堡是目前世界上最大的一座仍有人居住的古堡，周围环绕着碧绿如毯的草坪和一片片茂密的森林。全堡共有近千个房间，可分为东西两部分。东面为“上区”，是王室的私宅，包括典雅高贵的御座宫。西面为“下区”，有两座著名的教堂——圣乔治教堂和阿伯特教堂。圣乔治教堂是历代君主举行英国最高荣誉“嘉德骑士”勋章仪式及宗教活动的重要场所，阿伯特教堂是为纪念维多利亚女王的丈夫阿伯特而建的。这两座教堂中都埋着许多英王的遗骸。

20 世纪初，温莎堡突然名声大噪，英王爱德华八世在这里向曾两度离婚的美国平民沃里斯·辛普森夫人求婚，搞得朝野上下沸沸扬扬。为了与她结婚，“不爱江山爱美人”的爱德华八世竟然放弃了王位，离开英伦三岛，其弟乔治六世国王将他封为温莎公爵。直至 1972 年，温莎公爵的灵柩才重返温莎。

圣保罗大教堂位于英国首都伦敦弗利特街东口的卢德盖特山上，坐落在泰晤士河北岸，是世界第二大圆顶教堂，高约111米，宽约74米，纵深约157米，穹顶直径达34米。教堂下面有欧洲最大的地下室，许多历史名人长眠在这里。

7.四毁五建圣保罗

圣保罗大教堂前身出现于公元4世纪，为了纪念为传播基督教而殉教的圣徒保罗，君士坦丁大帝就在保罗的墓上筑起了一座木制的教堂，从此圣保罗就成了伦敦的保护神。公元604年以后，这座典型的哥特式建筑就一直是伦敦主教堂所在地，即历任伦敦大主教的驻所。从13世纪至15世纪，圣保罗大教堂一次次被修缮美化，许多艺术大师在这里留下了他们的成果，许多珍贵的镶嵌画、壁画与浮雕都被集中到这里，使它享有艺术宝库的美名。

然而，木制的教堂总免不了火灾。1666年，一场火灾烧掉了大半个伦敦，也将圣保罗大教堂毁为平地，而这已经是这座教堂第四次遭遇这样的厄运了。

1675年，英国教廷着手重建圣保罗大教堂，请出了牛津大学的天文学教授克里斯托弗·雷恩爵士。雷恩是一个业余的建筑师，但他能够博采众长，吸收了当时流行的巴洛克、洛可可艺术风格，设计出的新教堂明朗而光鲜，与原来的古板暗淡形成了鲜明的对比。雷恩让这座教堂的正面基本保持着古典风格，而让它的圆顶模仿罗马万神殿的穹顶，还按巴洛克方式布置了成对的科林斯式柱子。

在雷恩爵士的主持下,这项浩大的工程直到1710年得以最终完成,历时35年,总共花费了75万英镑。由于工程拖得时间太长,很多参与建筑的设计师都未能在有生之年见到它的落成。幸好雷恩长寿,终于在他90岁高龄时目睹了这座教堂的隆重问世。雷恩死后就被葬在圣保罗大教堂里,他的墓志铭幽默而诙谐:“如果要找我的纪念碑,请环顾四周。”

1823年7月15日,圣保罗大教堂再遭劫难。由于整修时的疏忽,描金的木制天花板意外起火,烈焰在短短的几个小时内就几乎完全吞噬了这座辉煌的大教堂。除了正门的一部分、大厅的凯旋拱门和十字耳堂及廓庭花园外,其他部分都付之一炬。经过长时间的酝酿后,英国教廷决定第五次修建圣保罗大教堂。但由于重建工程需要巨额资金的投入,单凭英国教廷无力承担,只得向别的国家求助。这一求助立即得到了许多国家的回应,除了提供大量的金钱和人力外,很多国家元首还捐赠了珍贵的建筑材料。埃及总督赠送了雪花石膏圆柱和镶片,俄国沙皇尼古拉一世赠送了大批孔雀石,它们被雕成教堂大殿里的祭坛。

重建工作整整用了一个世纪的时光,当大殿内的100根大理石圆柱建成后,就标志着它的最后竣工。教堂正面建筑的两端,各有一座钟楼,它们相互对称,彼此呼应。这两座钟楼上都悬挂着铜钟,其中一个铜钟重达17吨,在英格兰首屈一指。每天凌晨1时,圣保罗大教堂的大钟就会敲响,一直要敲5分钟。顺着教堂一侧爬上数百层阶梯,就会来到耳语廊。这里的墙壁有神奇的回音效果,你对着耳语廊的一个通孔说话,另一个人在其他任意一个通孔都能听到回声。

走入圣保罗大教堂内部,这里的高大宽敞让人油然而生肃穆的感觉,而神韵典雅的木雕则以精致的细节让人赞叹不已。那镶嵌着彩色玻璃的窗户,反映出哥特式建筑的特征;而镂刻工艺和螺旋形楼梯铁工,则反映出洛可可式精雕细琢的艺术风格。圆顶下的唱诗班席是教堂中最为华丽庄严之处,天花板上的马赛克和绘画细腻精致,下边摆着海德尔和门德尔松演奏过的风琴。站在这里,人们仿佛听到了在钢琴的伴奏声中,教堂合唱队高声唱起了庄严的圣歌。

圣保罗大教堂下面的地下室,堪称欧洲最大的地下室。室内有许多英雄和艺术名人的坟墓和纪念碑。英国著名的海军上将纳尔逊、在滑铁卢打败拿破仑的惠灵顿将军都埋葬在这里。

格林尼治位于伦敦市中心东南，早在15世纪时这里就建起了宫殿，设置了炮台和瞭望塔。1675年，国王查理二世颁诏，将瞭望塔改建成英国皇家格林尼治天文台。

8.经度从这里开始

1884年，20多个国家的天文工作者在美国华盛顿召开会议，正式确定以通过格林尼治天文台中星仪的子午线为零度经线，向东称东经，向西称西经，各为180度。每15度为一个时区，相邻时区相差1小时。从此，这里就成了全世界计算时间和地理经度的起点。

在格林尼治天文台子午馆里的地面上镶嵌着一条铜线，它就是著名的本初子午线，线的两边分别标有“东经”和“西经”字样，这里就是划分东半球和西半球的界线。到这里的游人都喜欢双脚跨在线的两侧摄影留念，象征着自己同时脚踏东经和西经两种经度。天文台大门旁的砖墙上镶着一台大钟，它所指示的时间，就是世界各国通用的“格林尼治标准时间”。

格林尼治天文台建立后，英国早期的天文学家们就利用自制的仪器，在这里孜孜不倦地观察天象，探索宇宙奥秘。他们不计名利与享受，天文学家约翰·佛莱门斯蒂甚至拒绝了牛顿为他提名的奖项，令人肃然起敬。

第二次世界大战后，格林尼治地区人口剧增，空气污染日趋严重，尤其是夜间灯光的干扰，对星空观测极为不利。再加上随着天文事业的发展，天文台的原有建筑已经容纳不下大量现代化的设备，于是在1948年，英国政府决定将天文台迁到英格兰东南部的赫斯特蒙苏，但仍然沿用皇家格林尼治天文台的旧称。但是，现在的格林尼治天文台并不在0°经线上，地球上的0°经线通过的仍是格林尼治天文台旧址。

9.大英博物馆与马克思

1849年，马克思被迫流亡伦敦，其后他一直生活在这座城市里，直到1883年与世长辞。马克思来到伦敦后的第二年，就得到了一张大英博物馆阅览室的借阅证，开始在那里苦读群书，潜心研究资本主义经济，数十年如一日从未间断，最终完成了不朽的巨著《资本论》。

大英博物馆是一座规模庞大的古罗马柱式建筑，气势雄伟。它原来只收藏图书，

大英博物馆位于伦敦市中心，建于1753年，馆内所藏文物之丰富是世界上任何博物馆都无可比拟的。

后来才兼收历史文物和各国文化艺术品。博物馆中埃及馆、希腊罗马馆中陈列着大量珍贵的古代文物。东方艺术馆也很引人注目，其中大部分是中国的历代稀世珍品，为数达两万多件。大英博物馆的藏书久负盛名，除英文外，还有阿拉伯文、波斯文、土耳其文、梵文、蒙文等许多文字的书籍，仅中文图书就有6万多种。

有一个被无数次引用的故事，说的是马克思在大英博物馆阅览室里看书时，因为年深日久，不断来回移动的双脚竟在地面上磨出了“马克思的脚印”。这个故事很有教育意义，只可惜是以讹传讹。根据阅览室中现存的介绍，当年马克思在这里经常坐在L至P排的座位上，因为这些座位离他需要的参考书最近。既然没有固定的座位，就不可能留下专属个人的脚印。

马克思墓位于伦敦海格特公墓的东园，墓室前耸立着一座绛红色的花岗岩墓碑，碑顶安放着马克思的铜质头像。墓碑正面上方镌刻着两行金光闪闪的英文：“全世界无产者联合起来！”下方是马克思的一句名言：“哲学家们只是用不同的方式解释世界，而问题在于改变世界。”

位于伦敦西北的牛津城泰晤士河畔的牛津大学创办于1168年，是英国的第一所高等学府，拥有约40所学院。

10.牛津与剑桥

牛津大学所在的牛津城要比牛津大学古老得多，它始建于10世纪，是英格兰南部的文化古城，有“英国雅典”之称。牛津城的建筑古色古香，这里有圣迈克尔教堂的萨克森人塔楼、诺曼人碉堡和城墙遗址等等，处处凝固着年代悠久的故事，难怪英国有一句民谚：“穿过牛津城，犹如进入历史。”放眼望去，牛津城内有很多塔状建筑，所以它得名“尖塔之城”。

剑桥大学坐落在一个拥有10万居民的英格兰小镇，镇中有一条河流穿过，它名叫“剑河”，也译作“康河”。中国著名诗人徐志摩20世纪20年代初游学剑桥，曾在剑河旁写下散文名篇《我所知道的康桥》；1928年徐志摩再访剑桥，创作了传世名诗《再别康桥》。

牛津大学不仅历史悠久，而且景色秀丽，巍峨的尖塔、别致的角楼、宫殿式的校舍隐映在绿荫丛中。牛津大学没有围墙，校园辽阔无边，富丽堂皇的建筑群使游人如同走进了童话世界，而童话故事《爱丽丝梦游仙境》确实就是以这里为故事背景的。

牛津大学的显赫名声主要在于它为英国造就了无数著名的科学家、文学家、政治家，经济学家亚当·斯密、哲学家培根、诗人雪莱、作家格林、化学家罗伯特·玻意耳、天文学家哈雷等都是这里的毕业生。英国历史上的40名首相中，有29名毕业于牛津大学，它还培养过5名国王。

剑桥大学的历史略短于牛津大学，但与牛津大学渊源颇深。1209年，一批牛津大学的学者为了躲避殴斗，就从牛津城逃到了剑桥镇，建立起了这所大学。剑桥大学与牛津大学一样，校园也是没有围墙的，院舍散布全城各处。剑桥大学的名声绝不亚于牛津大学，因为它培养出了76位诺贝尔奖得主，还有6位国家元首。

牛津(Oxford)的原意是“牛可以涉水过河的地方”，但现在的牛津却见不到河了，而剑桥却有清清浅浅的河水，还有用粗木搭建的小木桥，它就是相传为牛顿所建的“数学桥”。其实，这座桥是在牛顿死后22年才建起来的，跟牛顿挂不上边，但它巧妙地运用了力学原理，全桥一颗钉子都没有。后来有个好奇的学生把桥拆开研究，却无法按原样装回去，只能用螺丝钉把它重新建起来。

剑桥大学的圣约翰学院院舍分为两部分，由一道有盖有窗的廊桥连接起来，这座充满诗情画意的桥却有个令人忧郁的名字——叹息桥。为什么叹息呢？大概是圣约翰学院的学子们考试不及格，只好到桥头来散心吧。

11.巨石阵探秘

巨石阵的主体是一根根排成一圈的巨大的蓝砂岩石柱，每根石柱高约4米，宽约2米，厚约1米，重约25吨，最中的两根重约50吨。在不少石柱的顶端，又横架起一些石梁，形成拱门状。据考证，这个巨石阵约建于公元前4000~2000年，属于新石器时代末期至青铜时代的遗迹。当初它很可能是分三个阶段建成的：先是挖掘圆环形的沟渠和土堤，然后竖立起石柱组成巨石阵的大外环，最后在大外环内竖立起一些较小的石柱，组成巨石阵的小内环。

站在这空旷的原野上，凝视着这巨大的石阵，人们不禁要发问：古人在温饱都无法保证的条件下，为什么要花费这么大气力，建起一个在当时绝对称得上宏伟二字的建筑呢？这样的疑问不仅普通人有，也萦绕在历史学家和天文学家的心头。

早在18世纪，就有人发现它的主轴线指向夏至那一天早晨初升的太阳，而巨石阵中标记为第93号和94号两根石柱的连线，正好指向冬至这一天太阳落下的方向。后来又有人发现，站在巨石阵中央观察，第93号石柱正好指向立夏(5月6日)和立秋(8月8日)这两天的日落的方向，第92号石柱则正好指向立春(2月5日)和立冬(11月8日)这两天日出的位置。根据这些发现，有人猜测巨石阵很可能是远古人类为观测天象而建造的，也就是说，它是一座非常非常古老的“天文台”。

然而，把巨石阵称作古代天文台的说法，并没有得到人们的一致赞同。难道说古人当时就想到要建一座万世不朽的天文台吗？在巨石阵附近有不少墓葬，还有史前时代的遗址神庙，有人据此推测，巨石阵很可能是一处神秘的宗教场所，古人在这里举行祭祀活动，和天文台根本不沾边。

在英国西南部索尔兹伯里平原上，兀立着一群切凿粗糙的巨大石柱，它们排列得相当整齐，好像布成了一个圆形的阵势。这就是举世闻名的“巨石阵”，又称索尔兹伯里石环、环状列石、太阳神庙、史前石桌、斯通亨治石栏等。

在苏格兰首府爱丁堡市中心有一座135米高的城堡山，山顶是全城的最高点，而爱丁堡古堡就耸立在城堡山顶。这里三面都是陡峭的悬崖，只有东面是一个略微平坦的斜坡。

12.古堡与女王

据史书记载，早在公元7世纪时，城堡山顶就建有城堡。8世纪时，这里又建起了一座城堡，现在还留有遗迹。到了11世纪，这里成了国王的皇宫。现存的爱丁堡古堡是18世纪重建的。

爱丁堡古堡的主要功能就是防御外敌入侵，这一点从城墙上为数众多的大炮就可以看得很清楚。如今，这些大炮每天下午1点都要鸣空炮，既是礼炮，同时又让游客们嗅到一点儿战争年代的火药味。古城中最有名的大炮名叫勃艮地公爵大炮，它是法国勃艮地公爵于1449年在比利时建造的，后来把它赠送给他的侄子、当时的苏格兰国王詹姆斯二世。现在它存放在古堡的地窖中。

说起爱丁堡古堡，就不能不提到玛丽女王。爱丁堡古堡的中央是王宫广场，广场东边的宫室是国王的起居之处，里面有一间被称为“吉斯的玛丽之屋”，玛丽女王当年就住在这里。

玛丽女王是一位悲剧式的人物，她出生后的第六天，父亲亨利七世就病逝了。她5岁那年，被孤零零地送往法国抚养。19岁那年，她与法王法兰西斯二世结为夫妻，婚后生活和谐美满。不幸的是，这种生活只持续了两年，法兰西斯二世就离开了人间。

1561年，玛丽在天主教徒的拥戴下返回苏格兰，登基成为苏格兰女王，住在爱丁堡古堡东边的圣十字王宫里。玛丽女王在位期间，正赶上宗政改革的动乱年代，她身为天主教徒，自然成为新教徒的敌人。1560年春季，爱丁堡城内爆发新教徒起义，她站在“吉斯的玛丽之屋”中的窗前，久久地盯着福思湾海面，望眼欲穿地盼望着法国军队前来救援，然而她盼来的却是支持新教徒的英格兰舰队。玛丽女王大惊失色，昏倒了过去。

在此之后，苏格兰一直内乱不断，而爱丁堡古堡则饱受战争的摧残，城堡的吊闸被炮火摧毁。1567年，玛丽女王被废黜，遭到囚禁，第二年她女扮男装逃往英格兰，投靠她的姐姐伊丽莎白一世，结果因为天主教与新教的矛盾和王权纷争，她又在英格兰被囚禁了19年之久，最终还是上了断头台。

爱丁堡古堡的下边是王子大道花园，花园的一块绿地上有蜚声世界的苏格兰花钟，该花钟是世界上最大最奇特的花钟之一，它的图案由2.4万朵鲜花组成，平均每一分钟就有一枝杜鹃花跳出来。

爱尔兰有个小镇叫布拉尼，镇上有一座建于15世纪的城堡，称作布拉尼古堡。如今这座古堡大部已成废墟，但高120英尺的外墙和部分建筑仍保存完好。

13.布拉尼魔石

15世纪中叶，布拉尼是芒斯特省大公麦卡锡的驻地。麦卡锡被英国女王伊丽莎白一世封为布拉尼男爵，于是他就在坐落于马丁河畔建造了一座城堡。有一天，他在城堡前散步，搭救了一名落水农妇。这个农妇其实是个女巫。为了报答麦卡锡的救命之恩，女巫告诉他城堡的墙上有块魔石，只要吻它一下，就会变得能言善辩。布拉尼找到那块魔石，吻了一下，果然变得口齿伶俐起来，很快就成了女王座前的一名宠臣。但他的花言巧语最后还是惹恼了女王，指责“布拉尼说话从来不算数”。

如果你有机会参观布拉尼堡，穿过狭窄的圆拱门，攀登120级螺旋形石阶到达顶层，就能看到那块因为年深日久已变成灰黑色的布拉尼石。相传吻它一下，就能变成口若悬河的雄辩家，所以这块石头又称“巧言石”。因为它的旁边就是深谷，所以加上了铁栏围护，以保证那些想一吻布拉尼石的游客的安全。

“小孩堤防”位于荷兰第二大城市鹿特丹郊外，这里是荷兰境内风车聚集最多的地方。1997年，“小孩堤防”的风车已经正式被联合国列入世界古迹名单。

14.见证历史的风车

荷兰有“四宝”，除了郁金香、奶酪和木屐，名气最大的要数风车。

荷兰风大，一年中日平均风速达5米/秒以上的就有320天，于是荷兰人早早地学会了利用风力进行灌溉、排水、磨面、造纸，赢得了“风车之国”的美誉。据说世界上第一座风车就是荷兰人在1408年建造的。15世纪时风车就已风行荷兰全国，最多时达9000多座。风车翼片长达20米左右，基座粗壮高大，有四层楼高。每年5月的第二个星期六是荷兰的风车日。这一天，全国的风车都挂上国旗，装饰上花环，一起开动，向人们展示风车的风采。阿姆斯特丹郊外的风车村赞斯堡，号称世界上最大的风车露天博物馆。十六七世纪时，此地兴造了1500多座五彩缤纷的各式风车，场面十分宏大。如今，这里只留下了13座风车作为历史的见证。

鹿特丹郊外的“小孩堤防”有19座风车并排而立，非常壮观。关于“小孩堤防”这个名字的由来，有这样两个传说。一个传说是15世纪荷兰遭遇大洪水时，一个孩子躺在摇篮里，顺水漂流到这里，被堤坝拦住了。人们把他救上来，发现他睡得正香，摇篮里还躺着一只小猫咪。为了纪念这件奇异的事情，人们就把这段堤坝称为“小孩堤防”。另一个传说也是发生在荷兰遭遇大洪水时，由于洪水的浸泡，堤坝上出现了一道裂缝，海水逐渐渗透进来。这个潜藏的危机被一个小男孩发现了，他用手指头塞住了裂缝，保住了堤坝，救了全村人。为了纪念这个孩子，人们就把这段堤坝称为“小孩堤防”。

库肯霍夫公园坐落在荷兰首都阿姆斯特丹近郊的利瑟小镇，这里是世界上最大的郁金香公园。

15.高雅脱俗的郁金香

荷兰盛产鲜花，素有“欧洲花园”之称。荷兰每年能培育出90亿株鲜花，全世界每个人可以分到两朵。而在这些鲜花中，郁金香就有30亿株。如果把这些郁金香全部排列起来，能够围着赤道绕7圈。

郁金香是荷兰的国花。每到暮春时节，郁金香遍地盛开，好像给大地铺上一层绚丽的地毯。每年最接近5月15日的那个星期三被定为全国一年一度的郁金香节。在这一天里，人们用五颜六色的鲜花装饰成各种形状的花车，头戴花环，挥舞花束，簇拥着“郁金香女王”，兴高采烈地穿街过市。这一天也是旅游盛会，来自全世界各国的游人常常多达几十万。

荷兰郁金香的历史起于16世纪。1554年，奥地利驻君士坦丁堡的大使在奥斯曼帝国的宫廷花园里初次见到了高贵的郁金香，惊艳之余，他索取了一些郁金香的种子带回维也纳，送给他的好友克卢修斯。克卢修斯是一位知名的植物学家，在维也纳皇家花园当园丁。经过他的悉心栽培，第一朵郁金香在欧洲的土地上含苞待放。一时间，郁金香成了上层社会谈论的焦点，许多王公伯爵纷纷登门拜访，希望能得到一株

郁金香，但他们的要求遭到了克卢修斯的一概拒绝。有一次，一个小偷乘克卢修斯不备，盗窃走了许多郁金香球茎，然后以低廉的价格出售。克卢修斯一气之下，把剩下的郁金香球茎统统送给了朋友。这样一来，郁金香就在荷兰各地流传开来。

在荷兰还流传着这样一个传说。古时候，有三位勇士同时爱上了一位美丽的少女，为了表达爱意，他们都把自认为最贵重的东西送给那位少女。一个送了顶皇冠，一个送了把宝剑，还有一个送了块金块。但少女对这些东西都不感兴趣，便向花神祷告。于是，花神把皇冠变成鲜花，把宝剑变成绿叶，把金块变成球茎，高雅脱俗的郁金香就这样诞生了。

每年的三月底四月初，正是郁金香花开的季节，库肯霍夫公园就成了鲜花如云的地方。园中各类花卉达600万株以上，还有很多难得一见的珍稀品种。郁金香、水仙花、风信子以及各类的球茎花争奇斗艳，粉紫、鲜黄、嫩红、纯白，装点出一片绝美的画面。每年春天，这里都将举行为期八周左右的花展，同时还安排许多园艺、插花等相关活动和各种主题展览。

每年9月份的第一个星期六，阿姆斯特丹南部的阿尔斯梅尔镇，也是世界上最大的花卉市场，就要举行世界上规模最大的花展。几百条用鲜花装饰起来的驳船，载着如花似玉的少女，浩浩荡荡地顺着运河向首都进发，引得两岸的居民夹河迎送，就像过节一样热闹非凡。

小于连的铜像坐落在比利时首都布鲁塞尔市中心大广场的南边，恒温街和橡树街的转角处。这尊铜像已经成为布鲁塞尔市的象征，布鲁塞尔人亲切地称他是“第一公民”。目前的这尊青铜像建于1619年，由比利时雕刻家捷罗姆·杜克思诺完成。

16.立大功的撒尿小孩

来到布鲁塞尔的人，都要打听一下那个撒尿小孩在哪里。他的大名叫于连，又被称为尿尿小童、撒尿小孩。关于他的故事有好几个版本，主要情节类似，只是发生的历史背景不同。

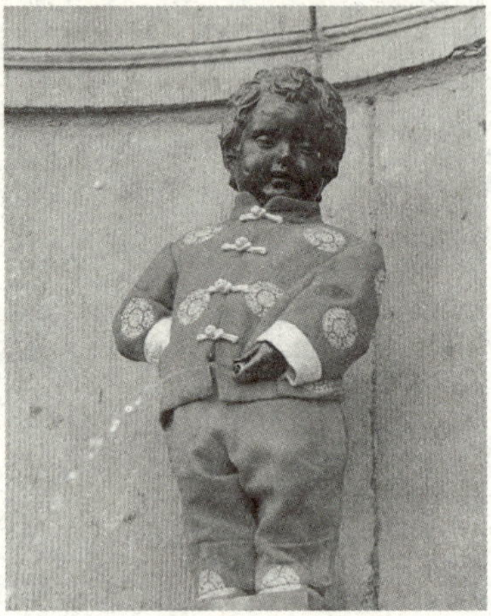

流行最广的说法是这样的：当年西班牙入侵者撤离布鲁塞尔时，想炸平这座城市，就点燃了通向市政厅地下火药库的导火索。这个紧急情况被小于连发现了。他急中生智，撒了一泡尿，浇灭了刺啦啦燃烧着的导火索，从而使布鲁塞尔市民和这座城市免遭一场灭顶之灾。1619 年，布鲁塞尔的税务人员请雕塑大师杜克思诺为小英雄立像纪念。从此，小于连的铜像就成了布鲁塞尔市的象征。

这尊雕像高约 53 厘米，坐落在一个约两米高的大理石雕花的台座上。小于连光着身子，腆肚叉腰，站在高高的花饰拱碑上向下撒尿。他那微卷的头发，翘着的小鼻子，调皮的微笑，显得十分天真活泼。当然，他撒的不是尿，而是自来水。到了狂欢节，他就改撒啤酒了，任人尽情狂饮。

小于连平时总是光着身子，而一到节日就会有人给他穿上衣服。这个传统始于 1689 年。那一年巴伐利亚总督来布鲁塞尔访问，他突发奇想，给这个可爱的小男孩披上一件金丝礼服。此举一开，来访的各国高官要人、名流贵宾纷纷效仿，争相把本国民族服装送给这位小公民。1979 年，布鲁塞尔举行建城千年大典，中国客人送给他一套汉族对襟小褂，此后每年的十月一日，小于连就会摇身一变成为中国小孩。

如果要问这个世界上哪个孩子的衣服最多，肯定就是小于连了。在大广场上有一个博物馆，专门收藏世界各国赠送给小于连的各式服装鞋帽，来这里参观，就像来到了万国儿童服装博览会一般。

原子球位于布鲁塞尔西北部的易多明市立公园内，被誉为布鲁塞尔的“埃菲尔”。

17.美丽而夸张的原子

1958 年，万国博览会在布鲁塞尔举行。当年巴黎人搞博览会，留下了一个埃菲尔铁塔，主办者也想借此机会给布鲁塞尔留下点什么，就请来了比利时著名的工程师瓦特凯恩，让他为博览会搞一个具有标志意义的东西。瓦特凯恩不负所望，运用极其超前的理念，设计出了一座高达102米的银色金属建筑，被称为原子球。它一经揭幕，就受到了人们的高度赞扬。博览会结束后，其他建筑都拆除了，只有这个原子球被保留了下来。

整个原子球由九个直径18米的铝质大圆球组成，每个圆球代表一个原子。八个圆球凌空高悬，一个圆球居于中心，由粗大的空心钢管连接起来，构成了一个正方体，而这个正方体恰好相当于放大了1650亿倍的a铁原子的正方体晶体结构。九个圆球加上钢架结构总重量为2200吨，最高一个球顶离地面102米。每个球表面都用5800块三角弧形铝片焊接而成。在阳光照耀下，这座气势雄伟的建筑银光闪烁。每当夜幕降临时，每个圆球外面的九圈灯泡交替追逐发光，点缀着布鲁塞尔的夜景。

对于这个原子球造型的含义，一种解释认为它体现了瓦特凯恩的良苦用心，他是想通过这个巨大的建筑，来表明微小的原子概念，并以此显示人类和平利用原子能的前景。另一种解释认为，比利时是欧洲共同体的发起国之一，欧共体的总部就设在布鲁塞尔，因此比利时的首都也就成了“欧洲的首都”。当时的欧共体有九个成员国，而比利时恰好有九个省，九个原子球既象征着比利时国内的团结，又象征着西欧九国的相互联合。

原子球如今已经成了科学博物馆。顺着球间斜行的金属管道，依次来到各个圆球，你会看到一个个不同主题的科技展览厅。它们分别陈列着太阳能、和平利用原子能、航天技术、天文等方面的展品，还有有关比利时气象事业发展史、卫星气象、气象雷达、气象通讯方面的图表等。圆球四周镶有巨大的有机玻璃窗，窗前架设着许多望远镜，令布鲁塞尔的旖旎风光尽收眼底。

卢森堡市是卢森堡大公国的首都，位于大公国南部旁帕依地区的中心，始建于公元936年。卢森堡整个城市被阿尔泽特河和佩特罗斯河分为两部分，市中心是河谷地带，两河之间的岗地上就是以古城堡闻名于世的欧洲古城。

18.“千堡之国”卢森堡

卢森堡被称为“千堡之国”，而卢森堡古城本身就是一座最大的古堡。公元10世纪时，古罗马帝国阿登公爵的弟弟西烈弗鲁克伯爵在阿尔泽特河畔建起了卢泽尔堡，意思是“小城堡”，现在的卢森堡国名就是由此讹传而来的。这座城堡建成后的100年间，它的规模不断扩大，在其西侧陆续修建起了环形城墙，最终修成了三道护城，拥有数十座坚固的堡垒。整个城堡横跨在大峡谷的峡口处，绵延十几千米，每隔几十米就有一个对外的洞口和炮台，进可攻退可守。城堡的下边还有23千米长的地道网和向下延伸40米的地下暗堡，都是在坚硬的岩石中开凿出来的，工程十分艰巨。如遇战事，这里可以隐蔽3万名士兵和他们的马匹。地道中还有兵工厂、马棚、修理部、面包房、屠宰场等，内部四通八达，宛如一座大迷宫。第二次世界大战期间，有将近3.5万人在这里躲避空袭和炮轰，由此可见它的规模之大。

卢森堡国家不大，但仗着这座攻守兼备的城堡，多次挫败过侵略者的野心。1860年，卢森堡在欧洲列强的压迫下，被迫宣布实行中立政策，开始拆迁城堡。由于城堡和地下城防工事以及炮台与城市的其他部分联系得太紧密，所以没有拆除，而几百年来辛辛苦苦建立起来的城防工事都被炸毁，因为它们建造得太坚固，整整花了16年时间才全部炸平。

除了古城堡外，卢森堡古城中的著名古迹还有大公宫殿和圣母院大教堂。大公宫殿是一座三层的意大利式建筑，拥有两座高耸的尖塔，线条简洁，没有刻意的铺设装饰。它始建于1418年，以后陆续重建，19世纪末成为卢森堡最高统治者大公的居处。圣母院大教堂建于17世纪初，是一座后文艺复兴式建筑。它原本用作教会学校，1935年扩建时添加了三个哥特式的尖顶，从此成为圣母院。卢森堡人信奉天主教，这座教堂里供奉的是圣母玛利亚及其圣子。与其他天主教教堂一样，它的内部也是金碧辉煌，大理石的雕像洁白如雪，显得分外庄严而高贵。

卢森堡古城一向有“欧洲最美丽露台”的美称，而要想观赏全城的美景，最佳的观景台就是位于新旧城区交界处的宪法广场。广场上有一座英雄纪念碑，高12米，碑顶立着胜利女神像。它完工于1923年，为了纪念在一战中阵亡的3000名卢森堡士兵。这座纪念碑二战期间被毁，战后重建，于是它就有了双重的意义，连同二战中的阵亡将士一起纪念了。

19.傲视苍穹的铁塔

“到巴黎不看艾菲尔铁塔，就等于没到巴黎”。实际上，到了巴黎不想看到它是做不到的，因为它太高了，塔身高312.27米，后来又加了20米高的电视天线，成为全巴黎最高的建筑。艾菲尔铁塔建成前，整个巴黎是一座石头城，最高的建筑是位于巴黎市中心的巴黎圣母院，还不到100米高。艾菲尔铁塔建成后，它拥有世界最高建筑物的荣誉长达45年。

1889年是法国大革命100周年，为了纪念这个令法国人感到骄傲的历史事件，巴黎人决定举办一届国际博览会。巴黎人很想趁这个机会给各国来宾一个惊喜，就请来著名的建筑师居斯塔夫·艾菲尔，让他搞一个能给巴黎人挣面子的东西。艾菲尔当时就发出豪语：我要为现代科学与法国的荣耀，建立一个世界上最高的旗座，把法兰西的三色旗插上去。

按照艾菲尔的计划，一座钢架镂空结构的铁塔从1887年开始动工了。如同巴黎所有的创新建筑一样，艾菲尔铁塔刚一开工，就遭遇了大部分巴黎人的反感。《泰晤士报》甚至刊登了由300人签名的呼吁书，反对艾菲尔的设计方案，认为这一剑式铁塔将会把巴黎的建筑艺术风格破坏殆尽，在这份呼吁书上签名的有颇有名望的大作家莫泊桑和小仲马等人。

巴黎人不希望这个铁家伙污染他们的视野，于是就预言它等不到建成就会轰然倒塌。然而，倔强的艾菲尔却不肯让众人的希望成为现实，他用了两年时间，动用了300名工人，使用了9000吨钢铁，让1.8万个钢铁部件由250万个铆钉牢

走近法国

法国全称为法兰西共和国，位于欧洲大陆西部，三面临海。首都巴黎是法国政治、经济、文化和交通中心。法国国旗呈长方形，长与宽之比为3:2。旗面由三个平行且相等的竖长方形构成，从左至右分别为蓝、白、红三色。三色旗曾是法国大革命的象征，据说三色分别代表自由、平等、博爱。法国没有正式国徽，但传统上采用大革命时期的纹章作为国家的标志。纹章为椭圆形，上边绘有大革命时期流行的标志之一——束棒，这是古罗马高级执法官用的权标，是权威的象征。束棒两侧饰有橄榄枝和橡树枝叶，其间缠绕的饰带上用法文写着“自由、平等、博爱”。法国国歌为《马赛曲》。这首歌作于1792年奥、普武装干涉法国革命的危急时刻，表达了法国人民争取民主、反对暴政的坚强信心和大无畏精神。法国的国花为鸢尾花。

艾菲尔铁塔位于巴黎战神广场上，为镂空结构铁塔。它自1889年建成后，已经成为巴黎的标志之一和法兰西的象征。它和纽约的帝国大厦、东京的电视塔同被誉为西方三大著名建筑。

牢地连接在一起，终于让一座钢铁巨塔巍然屹立在塞纳河畔。铁塔落成那天，艾菲尔亲手将一面三色国旗升到塔顶，法兰西国旗高高地飘扬在世界上最高的人工建筑物上，那一刻感动了很多法国人，于是艾菲尔赢得了应有的尊重，被誉为“钢铁魔术师”，他亲手设计的这座铁塔也得名艾菲尔铁塔。

艾菲尔铁塔建成后，立刻声名鹊起，第一年就迎来了近200万游客。但是，对它的批评声浪始终没有停息。法国著名诗人、象征主义代表人物魏尔伦每次路过这座铁塔，都要立刻另择路径，以避免看见它的“丑陋”形象。

按照原先的计划，这座铁塔只是一个临时性建筑，10年后就要拆除。就在艾菲尔铁塔似乎难逃厄运的时候，无线电发明了，而它正好成为电台无线电发射站的最佳地点。在实用性面前，巴黎人只得让步。

艾菲尔铁塔保住了，这是它的幸运，更是巴黎乃至法国的幸运。如今它已经成为巴黎乃至整个法兰西的标志，每年都有数以百万计的各国游客登塔参观，光来自中国的游客每年就有30万人。

艾菲尔铁塔设有上、中、下三个瞭望台，可同时容纳上万人。三个瞭望台各有不同的视野，也能带来不同的观赏情趣。

20. 巨大的石头交响乐

巴黎圣母院坐落在塞纳河环绕的西岱岛的东南端，始建于1163年，历时约150年，直到1320年才建成。

巴黎圣母院是一座石头建筑。如果说艾菲尔铁塔是钢铁进行曲，那么巴黎圣母院就是巨大的石头交响乐。这后一句话是法国大作家雨果对巴黎圣母院的赞美。而巴黎圣母院的名声能这样响亮，绝对跟雨果的名著《巴黎圣母院》有直接关系。书中有奇丑无比的敲钟人加西莫多，也有奇美无比的爱斯米拉达；有冷冰冰的石雕，又有火辣辣的乞丐。尽管如此强烈的对比出自雨果的美学观念，还是震撼了世界各地的读者。

1163年，巴黎大主教莫里斯·德·苏利决定在西岱岛上兴建一座圣母院大教堂，并埋下了第一块基石，当时的教皇亚历山大三世参加了奠基仪式。早在古罗马提庇留大帝时代，西岱岛上就建有一座用来祭祀罗马与高卢神祇的神殿。公元4世纪时，这里又修筑了一座用来祭拜圣史蒂芬的大型教堂。到了10世纪时，西岱岛已经成为巴黎乃至整个法国的宗教中心，而原来的教堂已经老旧，修筑新教堂就成为必要之举。

巴黎圣母院闻名于世有一个重要原因，那就在于它是欧洲建筑史上一个划时代的标志。在它之前，欧洲的教堂建筑大多数笨重粗俗，沉重的拱顶，粗矮的柱子，厚实的墙壁，阴暗的空间，使人感到无比压抑。而巴黎圣母院的设计者创造了一种全新的轻巧的骨架券，这种结构使拱顶变轻了，空间升高了，光线充足了。所以，巴黎圣母院一问世，这种独特的建筑风格就很快在欧洲流行开来。

巴黎圣母院还是一座典型的哥特式教堂。哥特，原指北方的野蛮民族，后来变成了一种文化的名称。哥特式建筑有两个显著特征，一个是高，一个是直，所以也有人称这种建筑为高直式。巴黎圣母院够高了，其内部并排立着两列高达24米的柱子，直通屋顶。屋顶高达35米，形成了狭窄而高耸的空间。在尖峭的屋顶正中，一个高达106米的尖塔直刺天穹，让那些虔诚的教徒们产生出靠近天国的幻觉。巴黎圣母院够直了，它的主立面是世界上哥特式建筑中最美妙、最和谐的，水平与竖直的比例近于黄金比，后世建筑基督教堂时大都模仿它的样子。

21.欧洲最大的凯旋门

欧洲有 100 座凯旋门，而巴黎的这座凯旋门是最大的。它高约 50 米，宽约 45 米，厚约 22 米，四面各有一门，门下向四面八方伸展出的 12 条放射状的林荫大道，就好像一颗明星放射出 12 道光芒，因而凯旋门又得名星门。

1805 年 12 月 2 日，拿破仑·波拿巴在奥斯特利茨战役中大败奥俄联军。第二年 2 月 12 日，拿破仑下令修建一个标志性建筑，以纪念帝国军队所取得的胜利。这个重要建筑的设计建造被委托给著名建筑师夏尔格兰、汝斯特、布鲁艾及雕塑师科特、瑞德、艾戴克斯等人。同年八月，按照夏尔格兰的设计，巴黎凯旋门破土动工，但中间时停时建，断断续续经过了整整 30 年，才于 1836 年 7 月 29 日举行了落成典礼。

凯旋门全部由石材建成，四面各有一门，内壁刻的是曾经跟随拿破仑东征西讨的数百名将军的名字和宣扬拿破仑赫赫战功的上百个胜利战役的浮雕。外墙上刻有取材于 1792~1815 年间法国战史的巨幅雕像。正面有四幅浮雕，分别是“马赛曲”“胜利”“抵抗”“和平”。其中最引人注目的是刻在右侧石柱上的“1792 年志愿军出发远征”，即著名的《马赛曲》的浮雕，它在世界美术史上占有重要的一席之地。

1920 年 11 月，在凯旋门的下方建造了一座无名烈士墓。墓是平的，里面埋葬的是在第一次世界大战中牺牲的一位无名战士，他代表着在这次大战中死难的 150 万法国官兵。地上嵌着红色的墓志铭“这里安息的是为国牺牲的法国军人。”墓前有一盏长明灯，每天晚上都准时举行一项拨旺火焰的仪式。

现在每年的 7 月 14 日，法国举国欢庆国庆节时，法国总统都要从凯旋门通过；每当法国总统卸职的最后一天也要来到这里，向无名烈士墓献上一束鲜花。据说这座凯旋门还有一个奇特的地方，就是每当拿破仑·波拿巴忌日的黄昏，从香榭丽舍大街向西望去，一团落日恰好映在凯旋门的拱形门圈里。

凯旋门坐落在巴黎市中心夏尔·戴高乐广场（又称星形广场）中央，又称戴高乐广场凯旋门，与艾菲尔铁塔、卢浮宫和巴黎圣母院合称巴黎四大代表建筑。

凡尔赛宫位于巴黎西南郊伊夫林省省会凡尔赛镇，作为法兰西宫廷长达 107 年(1682~1789)。凡尔赛宫及其园林堪称法国古建筑的杰出代表，1833 年被辟为国家历史博物馆，1980 年被列入世界文化和自然遗产名录。

22.绝对君权的纪念碑

现存的法国王宫最著名的是凡尔赛宫，它是欧洲最大的王宫，也是法国绝对君权时代的纪念碑。而如今这座古老的王宫成了法国政府接待贵宾的地方。

凡尔赛是巴黎西南郊的一个小镇，16 世纪初的时候，法王路易十三在这里的树林中建起了一座红砖房子，作为打猎时休息用。路易十四即位后，他想摆脱巴黎的嘈杂和不时的骚乱，就想搬家。有一天，财政总监大臣富凯·维康邀请路易十四去他新建的子爵谷城堡赴宴。富凯的城堡富丽堂皇，让路易十四非常嫉妒，而且觉得很没面子。赴宴归来后，他就以贪污罪把富凯投进监狱，处以无期徒刑。接着，他又把给富凯建城堡的原班人马找来，让他们把凡尔赛宫改建成一座豪华的皇宫，最起码要超过富凯的城堡。

凡尔赛宫改建工程于 1661 年开始，动用了 3.6 万名工人和 6000 匹马，直到 1689 年才竣工。此后几经改建扩建，至 18 世纪才形成现在的规模。占地面积 110 万平方米，其中 100 万平方米是园林，11 万平方米的宫中有 700 多个房间厅室和一所可容纳 1200 名观众的剧场。

凡尔赛宫外观宏伟，内部陈设精美，而最具特色的是位于中央部分的镜厅。它的

枫丹白露宫

西面是17扇拱形巨窗,东面墙上相对镶嵌着17面大镜子,每面由483块镜片组合而成。当阳光从拱形巨窗中照射进来,又通过那些大镜子反射出去,使得整个大厅光彩照人。

对于法国人来说,镜厅是一个耻辱与光荣混合在一起的地方。1871年,法国在普法战争中战败,德皇威廉一世站在这里宣布德意志帝国诞生了。47年后,第一次世界大战结束,德国成了战败国,法国人为了报复,指定在镜厅里签订和约,这就是著名的1919年"凡尔赛和约"。现在镜厅的一角里还保存着当年与会代表使用过的物品。

在巴黎东南郊还有一座王宫,它就是名字颇有诗意的枫丹白露。枫丹白露的中文意思是"蓝色美泉"。相传12世纪时,法王路易六世和随从们在这一带的丛林中打猎,带着一条名叫"白露"的猎狗。"白露"发现了一眼不知名的清泉,法王就用猎狗的名字为它命名。1137年,路易六世在泉边修建了一座宏伟的城堡,供打猎时休息用,这就是枫丹白露宫的由来。

枫丹白露宫外表其貌不扬,但宫内的40个厅堂却布置得极为精致而高雅,细木护壁、石膏浮雕和壁画相结合的装饰艺术,使它获得了"18世纪室内装饰博物馆"的称号。枫丹白露宫也是一个容易让人回顾历史的地方,罗马教皇曾被拿破仑囚禁在这里,而拿破仑于1814年在这里被迫签字退位。

巴黎公社社员墙位于巴黎市区东部的贝尔-拉雪兹神父公墓。公墓内东北角76墓区有一堵靠近憩园街的围墙,1871年5月28日,147名巴黎公社的社员在墙前惨遭屠杀,震撼世界的巴黎巷战至此结束。

23.巴黎公社社员墙

1871年3月18日,巴黎爆发了震惊世界的无产阶级武装起义。当晚8点钟,起义武装占领了市政厅,在哲人堂上升起了红旗。巴黎全城欢声雷动,庆祝无产阶级革命取得了胜利。然而,被推翻的梯也尔政府不甘心失败,他们龟缩在凡尔赛，重新纠集反动武装，伺机反扑。这一年的4月初，梯也尔政府军开始进攻巴黎，公社社员们依靠街垒进行抵抗。然而毕竟敌众我寡，巴黎逐渐沦入敌手。5月27日，巴黎公社将领布罗夫斯基英勇战死，公社社员们在拉雪兹神父公墓为他举行了肃穆而悲壮的葬礼，他们依次走上前来，与自己心爱的将军吻别。在激越的军鼓声中，公社战士们庄严宣誓："除非我们死去，否则决不离开！"当时，围困拉雪兹神父公墓的敌军有5000多名，而且有炮火支援，公社社员明知无望取胜，但没有人投降或逃跑，一直战斗到最后一息。28日傍晚，凡尔赛匪徒完全占领了公墓，大部分公社战士都牺牲了，被俘的147名公社战士被逼到公墓的东北角，这里有一堵白墙。他们高呼着"巴黎公社万岁！"的口号，携手倒在暴风雨般的弹雨中。

为了缅怀巴黎公社的死难烈士，就在巴黎公社失败当年的11月1日（这一天是西方的圣灵节，相当于中国的清明节），就有人冲破反动政府的白色恐怖，在拉雪兹神父公墓中那堵普通的白墙下摆放了鲜花。1893年，被大赦回来的公社战士集资买下了这里的地皮，为的就是将它永久地保护下来。1908年5月21日，来自法国各地的群众又在这堵墙上镶嵌了一块大理石板，上边刻着三行烫金的法文："献给1871年5月21日~28日公社遇难者。"此后，这堵墙就被命名为巴黎公社社员墙，每年都有来自世界各地的团体和个人来这里纪念那些为理想而献身的英灵。

在拉雪兹神父公墓西墙外侧有一座浮雕，长6米，高2米，画面主体是一名昂然挺立的妇女，她披散着长发，袒露着胸膛，两臂左右张开，似乎在用身体护卫着身后的人。不幸的是，一颗子弹击中了她，她的身体不由自主地向后仰去。被她挡在身后的人形象比较模糊，有的用双手抚着受伤的胸膛，有的在战火中跌跌撞撞，还有的只是影影绰绰的痕迹。浮雕周围弹痕累累，墙顶残叠着几块凌乱的石头，仿佛这里刚刚发生过一场激战。很显然，这堵墙要比那堵朴素的巴黎公社社员墙更具震撼力，因此很多不明真相的外国人就把它当成了真正的公社社员墙来凭吊。

实际上，这堵墙并不是真正的巴黎公社社员墙，它被法国人称为"保尔·莫罗·沃蒂耶纪念碑像"。沃蒂耶是一位雕塑家，他的父亲参加过巴黎公社，而他本人对巴黎公社没有丝毫的好感。沃蒂耶的本意不是为3万多被屠杀的公社社员塑像，而是纪念在"革命暴力之下"死难的敌对双方，其中可能包括公社社员，同时也包括作为人质被公社处决的巴黎大主教达尔布瓦等72名人质，还包括凡尔赛政府军的士兵。

拉雪兹神父公墓

先贤祠位于巴黎市中心塞纳河左岸的拉丁区，是永久纪念法国历史名人的圣殿，截至2002年11月，共有70位对法兰西做出非凡贡献的人被埋葬在这里。它原是路易十五时代建成的圣·热内维耶瓦教堂，1791年被收归国有，改为埋葬伟人的墓地。1814年到1830年间，它曾一度被归还给教会。

24.先贤祠中的伟人

1744年，法王路易十五得了一场大病，病愈后他深信这是圣徒圣·热内维耶瓦的守护之功，便委托建筑师苏夫洛建造一座大教堂，并在1764年亲自放置奠基石。圣·热内维耶瓦大教堂建成后，正赶上法兰西爆发大革命，法国制宪议会于1791年4月通过法令，决定将这座教堂改建成国家先贤祠，作为收藏法国先贤遗体的纪念堂。拿破仑建立第一帝国后，曾于1806年将它归还给教会，但这里的地下室仍然留给国家先贤作为墓室。法国王朝复辟期间，这里完全成为天主教堂。直到1885年维克多·雨果逝世，全国群众为之哀悼，一致认为只有将他葬在宏伟的先贤祠中才能与一代文豪的盛名相称，而雨果的葬礼过后，这里才正式成为不具有宗教性质的名人纪念殿堂。

先贤祠的正面完全仿照罗马万神殿，宽大的台阶上立着由22根柱子组成的巨大柱廊，每根柱子高19米。它的主体建筑呈十字形状，正中高耸着一个圆圆的金顶，柱廊上立着三角形山墙，这是古希腊神庙正面的顶部特征。山墙上的大型寓意浮雕中，代表“祖国”的女神正把花冠分赠给左右的伟人，“自由”和“历史”分坐两边。檐壁上还镌刻着这样一行铭文：伟人们，祖国感念你们。

先贤祠的真正价值不在它的地表建筑，而在它的地下墓室，这里的四个侧翼纵贯整个建筑，名人祠墓林立。其中有政治家米拉波，哲学家、文学家伏尔泰、卢梭，文学家雨果、左拉，数学家拉格朗日以及先贤祠的建筑师苏夫洛等等，这些名字构成了法国历史天空中一个庞大璀璨的星系。

凡是有幸落户先贤祠的人，必定是名声显赫的人物，而且在某一领域里有着出类拔萃的造诣。对于每一个拟议下葬此地的名人，法国国民议会都要进行长时间的反复讨论、研究，最后才能确定，来不得半点草率。当然，究竟什么人才有资格进入先贤祠，法国人有自己的标准。比如在雨果墓前的生平“说明牌”上，着重强调的不是他的文学

创作，而是他由于反对拿破仑政变，坚持自己的政见而遭到迫害，不得不到英国与比利时逃亡 19 年。对于左拉也是一样，着重提到的是他为受到法国军方陷害的犹太血统的军官德雷福斯鸣冤，因而被判处徒刑。很显然，法国人更加尊崇的不是名人的成就，而是他们非凡的思想历程与个性精神。安葬在先贤祠中还有一位叫做安东尼·德·爱逊贝利的浪漫诗人，他生前不是什么伟人，但他是第一个驾驶飞机飞越大西洋开辟非洲航邮的功臣。法国人敬佩他的勇气，就把他安葬在先贤祠中。这里有一面墙上雕刻着许多人的姓名，他们都是两次世界大战中为国捐躯的作家们。这些人的作品并不广为人知，但法国人感动于他们勇敢无畏的精神，便把他们的名字镌刻到这座民族的圣殿中。

先贤祠的墓室中一般是每个安放三座墓，呈倒 U 字形排列，有的是 4 个人或 6 个人合居一个墓室，最多的是 13 个人同“住”一起。最宽敞的墓室属于卢梭和伏尔泰。卢梭是最早被供奉在这里的作家。法国人为他选择了非常精美的棺木，棺木上刻着“自然与真理之人”的字样，棺木的正面有一扇门，门微开着，里面有一只手拿着一束花伸出来，象征着卢梭把自由、平等的思想永远带给法兰西。

兰斯圣母院位于巴黎东北的兰斯市，也叫兰斯圣母大教堂，建于 13 世纪。法兰西王国时期(888~1792)，国王的加冕仪式常常在这里举行，因此该教堂曾被称为“最高贵的皇家教堂”。

25.最高贵的皇家教堂

法国有两座著名的圣母院，一座是巴黎圣母院，一座是兰斯圣母院。它们同属哥特式建筑，外表粗重，直墙窄窗，左右对称近乎完美。如果就建筑形态和尺度而论，后者要比前者更宏伟，更高大；如果论形体的匀称，装饰的纤巧，后者也是胜过前者，被称为法国最漂亮的哥特式教堂。

兰斯又被译成朗斯或里姆斯，这一带盛产香槟葡萄酒，所以统称香槟省，而兰斯就是香槟省的首府。公元496年圣诞节，主教圣雷米在这里为法兰克国王克洛维施洗礼，使他成为第一位接受基督教洗礼的法国国王。自此以后，法国国王都相信只有在兰斯登基，才能坐稳宝座。为了能有一座与盛大的国王登基典礼相匹配的基督教堂，兰斯圣母院便在1211年开始兴建，1241年落成。历代共有不少于24位法国君王来到兰斯圣母院加冕就位，由此兰斯被称为“君王加冕之城”。

兰斯圣母院的前面有一个开阔的广场，从正面望过去，它呈三段式构造，密集而细长的大小尖塔重重叠叠，浑厚繁复的石头好像层层阶进的旋律直上云霄，绵无尽头。每当夕阳西下时，阳光照射在高高矗立着的两座左右对称的尖塔上，照射到教堂正面的三座拱门上，门洞斜面上一层层的尖券上布满了雕塑，它们全都沉浸在强烈的明暗对比之中，随着光影的移动而变化，仿佛是阳光雕刻出来的一般。

教堂内外布满了以圣经故事为主题的雕塑，共有2302尊之多。其中最为有名的是矗立在教堂大门正面北侧的那尊名叫“微笑天使”的雕像，神情甜美，造型极为生动，被称为“兰斯的微笑”，如今已经成了兰斯城的象征，兰斯圣母院由此得名为“天使大教堂”。教堂正面华丽的玫瑰窗上方也有许多雕像，他们都高2米，与真人相仿，雕刻的是曾在这里加冕的法国国王，因此又称为国王廊。在法国大革命与第一次世界大战期间，这些雕像部分遭到损害，已于1996年修复完毕。

在教堂内部，除了圣徒的雕塑外，更多的是一组组完整的圣经故事雕塑。环绕着正门的一组雕塑以时间顺序，按照逆时针的方向排列，如同连环画一般表现了耶稣诞生前后的故事。祭坛左侧的墙壁上镶嵌着一架巨大的管风琴，这是一架17世纪的管风琴，有6800多根管子。紧靠着管风琴的是一架15世纪的报时钟。每到正点时，就有木偶小人演绎圣母玛利亚到埃及的故事。兰斯圣母院中的坐椅也设计得极有特色。只要把座位上层的坐垫翻起，就会看到一方藤条编制成的靠垫，信徒可以十分方便地跪在靠垫上进行祈祷。

圣女贞德塑像

在圣母礼拜堂里，有一尊不为人注意的圣女贞德塑像，塑像背后竖有军旗。在英法百年战争中，法军节节败退，大部分国土宣告沦丧，年仅17岁的少女贞德成了法国人的救星。她协助当时的王太子(即后来的查理七世)抗击英军。1429年7月17日，贞德激励胆小的王太子勇敢地前往兰斯，在兰斯圣母院中完成了加冕仪式，成为查理七世。

欧洲南部地区指阿尔卑斯山脉以南的巴尔干半岛、亚平宁半岛、伊比利亚半岛和附近岛屿，是位于阿尔卑斯山脉以南的欧洲诸国的统称，主要有葡萄牙、希腊、西班牙、意大利等。南欧的拉丁民族素以热情浪漫闻名于世，希腊和意大利更是西方文化的发源地。北欧通常包括丹麦、瑞典、挪威、芬兰、冰岛这五个国家，以及实行内部自治的法罗群岛。北欧西临大西洋，东连东欧，北抵北冰洋，南望中欧，人口密度在欧洲相对较低，经济水平则最高。丹麦、瑞典等国的人均国民生产总值均遥居世界前列。

漫游世界第四站

东张西望游南北欧

罗马斗兽场全名为科洛西姆斗兽场，原名弗莱文圆形剧场，又称罗马大角斗场、罗马竞技场、罗马圆形竞技场、科洛西姆、哥罗塞姆。它位于意大利首都罗马市中心，是古罗马时期最大的圆形角斗场，建于公元72年至82年间，由40 000名战俘花了八年时间才建造起来，现仅存遗迹。

1.以杀人为乐的斗兽场

古罗马有个叫尼禄的暴君，公元68年罗马发生叛乱，他被元老们推翻后自杀，随后登上皇帝宝座的是维斯西巴安。尼禄在位时，他的“金宫”在一场大火中被烧毁，维斯西巴安想取悦凯旋而归的将领士兵并赞美伟大的古罗马帝国，便下令在“金宫”的原址上修建一座斗兽场。这项后来成为古罗马帝国标志性建筑物的工程一直到公元82年才最终完成，而这时的古罗马皇帝已经变成了维斯西巴安的儿子图密善。

根据罗马史学家狄奥·卡西乌斯的记载，斗兽场建成时，罗马人举行了为期100天的庆祝活动，宰杀了9000只牲畜，驱使5000头猛兽与3000名奴隶、战俘、罪犯上场“表演”、殴斗。这种人与兽、人与人的血腥大厮杀居然持续了100天，直到这5000头猛兽和3000条人命自相残杀、同归于尽。

从功能、规模、技术和艺术风格各方面来看，罗马斗兽场都不愧为古罗马建筑的代表作之一。它的外观呈正圆形，俯瞰为椭圆形，整体建筑看上去颇像一座现代化的圆形运动场。竞技场内四周都是阶梯形看台。据资料记载，当年竞技场的看台分为三个区：底层为第一区，是皇室、贵族、骑士阶层的座位；二层是第二区，为市民席；最高层即第三区，是平民区。第三区上部还有一层，是专为妇女们保留的。再上面是一个较大的平台，此处可供观众随意站立观看表演。

竞技场中央是一个椭圆形的表演场，而对于参加表演的双方来说，却是生死角斗场。当年这里进行的表演主要分三种，一种是兽与兽斗，一种是兽与人斗，还有一种是人与人斗。表演的主持者想得很周到，场地上铺满了沙子，以便流出的鲜血很快就能渗透下去。剧场的顶端还用一个中间开孔的帆布遮盖着，以免观众遭受阳光暴晒。然而，主持者的这份仁爱之心是拒绝施向场内的。不管是哪种斗法，都要决出生死方才停止。最残忍的是角斗士相斗，当失败者失去了抵抗能力时，他的性命就操纵在看台上那些观众手中。他们将大拇指向下一摆，那就是宣判了失败者的死刑；若大拇指朝上，失败者方可免于一死。当年古罗马著名的奴隶起义首领斯巴达克就是一名角斗士，他最初率领78名角斗士举行起义，很快发展到10多万人，给了罗马奴隶制以沉重的打击。

走近意大利

意大利全称为意大利共和国，位于欧洲南部，包括亚平宁半岛及西西里岛、撒丁岛等岛屿。意大利是罗马帝国的发祥地，古罗马帝国全盛时期，版图遍及整个地中海沿岸。14至15世纪时文艺空前繁荣，成为欧洲文艺复兴的摇篮。此后几经分裂和外族入侵，终于在1870年实现统一，建成意大利王国。意大利国旗呈长方形，旗面由三个平行相等的竖长方形相连构成，从左至右依次为绿、白、红三色。意大利原来国旗的颜色与法国国旗相同，1796年才把蓝色改为绿色。意大利的国徽呈圆形。中心图案是一个带红边的五角星，象征意大利共和国；五角星背后是一个大齿轮，象征劳动者；齿轮周围由橄榄枝叶和橡树叶环绕，象征和平与强盛。意大利的国花为雏菊。

万神殿耸立在罗马城的中心区，公元前27～前25年由罗马帝国首任皇帝屋大维的女婿阿格里巴建造，公元80年的火灾使万神殿的大部分被毁，仅余一长方形的柱廊，12.5米高的花岗岩石柱16根，这一部分成为后来重建的万神殿的门廊。现今所见的万神殿主体建筑是阿德里亚诺大帝于公元120～124年所建。

2.天使的设计

罗马城中唯一保存完整的罗马帝国时期的建筑物就是万神殿，它经历了18个世纪的沧桑，其青铜大门和拱门屋顶依然完整如初。

公元前31年，屋大维(即奥古斯都)和马克·安东尼为了争夺国家最高权力，进行了一次海上大决战，这就是著名的亚克兴海战，结果是屋大维打败了安东尼和埃及艳后克利奥帕特拉。为了纪念这场海战的胜利并用于祭拜行星上的众神，屋大维授命他的爱将阿格里巴主持修建了这座供奉众神的殿堂。这座殿堂在公元80年被大火焚毁，直到公元125年才由喜爱建筑的罗马皇帝阿德里亚诺下令重建，其设计思想也很有可能出自这位皇帝。公元609年，拜占庭皇帝福卡将它作为礼物赠给教皇博尼法乔四世，后者将它改为教堂，用来供奉殉难圣母，于是成了圣地。这座建筑之所以能保存完好，其主要原因就在这里。如今的万神殿已经不再供奉圣母，但神圣的意味有增无减，很多伟大的意大利艺术家埋葬在这里，其中最重要的人物是拉斐尔。意大利统一后，万神殿又成为国王的陵墓。

如果万神殿真是阿德里亚诺皇帝设计的，那么他绝对称得上一位设计大师。文艺复兴三杰之一的米开朗琪罗面对着这座宏伟的殿堂，曾发出这样的感叹：“对！这的确是一个天使的设计！”

万神殿正面矗立着16根圆柱，让人联想到古希腊建筑，而后面的圆形建筑则是典型的古罗马风格。进入殿堂内，你会发现这里竟没有一根柱子，仰头望去，最上边是一个直径达43.4米的大穹顶，它是古代世界最大的无梁穹顶。直到1960年罗马建成了直径100米的体育馆圆顶，这一记录才告作古。至今仍有很多专业人士到这里来观摩，为的是虚心学习古罗马建筑师们高深的建筑知识和深奥的计算方法。

最令人称绝的，是在大穹顶最高结点上开出的一个直径8米左右的圆形天窗。太

阳从东方升起之后，一束光柱会从天窗照进神殿，在穹顶上的某一个藻井中落下一个椭圆形的光团。随着太阳不断升高，光柱会不断伸长，渐渐下降，落在靠近地面的某一个神龛或祭台上。在整个一天之中，光团不停地从西到东，先由上而下然后再由下而上做曲线运动，一直到太阳西下才会消失。

3.喷泉与美丽的传说

罗马喷泉多。从远古时代开始，就有11条水道每天向罗马输送大量的水，供给那些数不清的喷泉和豪华浴室。16世纪末，喜欢喷泉的罗马教皇着手解决了罗马城的水供应问题，于是罗马城中建起了众多的纪念喷泉，名义是赞美教皇的慷慨。

罗马城中有各种喷泉1300多个，最有名气的要数特雷维喷泉，它也是罗马城中最大的喷泉。这个喷泉位于三条街相交之处，“特雷维”在意文中就是“三岔路口”的意思。据当地相传，古时候有一群罗马士兵刚从战场上归来，口渴难耐，一名罗马少女将水源地告诉了他们。后来，人们就在这里修建了喷泉，俗称少女泉。

特雷维喷泉的中央矗立着一尊威严的海神像，两侧是象征富饶和安乐的女神。海神像前边是喷泉的主体，泉水从四面八方的石缝中涌出来，漫过层层岩石，最后归到一个巨大的积水池里。在泉石之间，有两尊骑士雕像，每人驾驭着一匹长着翅膀的骏马，从汹涌的波涛之中破浪而出，仿佛再现出海神出海时的景象。

特雷维喷泉坐落在罗马市区的科尔索大街、海神大街和特里托内路的交叉口处，建于公元1762年，具有明显的巴洛克风格。

特雷维喷泉还是罗马城中最具人气的喷泉，这主要因为它与一个美丽的传说有关：只要背对喷泉将一枚硬币由左心房丢过左肩，让它沉入水底，就意味着“我会再回罗马”；投两枚硬币，就意味着爱情顺利。因为这个缘故，特雷维喷泉又称许愿池。清澈的池底可见各国钱币，罗马政府定期收集这些硬币，充做慈善基金。有趣的是，很少有人往里抛三枚硬币，因为那意味着“可以顺利离婚”。

百花广场位于罗马城区纳沃拿广场南边，台伯河从旁边流过，又译作鲜花广场。15世纪时，这里曾是罗马市的中心地带，还是当时执行死刑的地方。

4.为真理而献身

1600年2月17日，百花广场上空乌云密布，狂风怒吼，一个十字架高高地耸立在广场的中央。教皇克利门特八世、红衣主教和主教们，全都赶到了百花广场，他们要为一个“异端分子”做最后一次祈祷，希望他能在即将被处死之前回心转意。

这个“异端分子”名叫乔尔丹诺·布鲁诺，是个知识渊博的学者。他虽然在修道院里当过僧侣，却深信哥白尼在《天体运行论》一书中所阐明的科学真理，不相信《圣经》上所说的上帝创造了天和地，又创造了太阳、月亮和众星来照耀大地。他写了一篇题为《诺亚方舟》的文章，对罗马教廷和那些僧侣“学者”进行了无情的抨击和嘲讽。布鲁诺还到处演说、辩论，宣传真理的足迹几乎踏遍了整个欧洲。他在许多大学里的讲课，屡屡造成轰动，他写的小册子使虔诚的天主教徒和基督教徒战栗，而青年人则报以热情的掌声和欢呼。

布鲁诺不仅大胆地宣传哥白尼的“太阳中心说”，而且比他的老师走得更远。他告诉人们：宇宙是无边无际的，世界是没有尽头的。就是太阳，也不是什么宇宙的中心，而只是满天星斗中的一颗而已。他甚至大胆地提出，在别的行星上，也有生物，地球并不是唯一有生命实体的星球。这些无法无天的言论极大地震动了教会的统治。布鲁诺遭到追捕，被教会投入了监狱，把他囚禁折磨了八年之久，却始终无法使他屈服，教会只得决定用火刑处死他。布鲁诺听完宣判后，眼睛凝望着天空，脸上浮现出轻蔑的微笑。“火并不能把我征服，未来的世界会了解我，知道我的价值的！”他迈着坚定的步伐走向十字架，任凭熊熊烈火向他身上扑来……

1887年6月9日，罗马人在百花广场中央为布鲁诺竖起了一尊铜像，永远纪念这位勇敢无畏的科学斗士。

5.全世界最大的穹形圆顶

圣彼得大教堂位于意大利首都罗马中心梵蒂冈的圣彼得广场的西南面，它是梵蒂冈教廷的主要大殿，也是世界上最大的教堂和最大的圆顶建筑物。教堂中央的穹顶直径为41.9米，顶高约138米，外部穹顶上的十字架尖端高达137.8米，占地23 000平方米，可容纳6万人以上。

耶稣有十二门徒，最年长的就是圣彼得。耶稣遇难后，他会同同学、弟子万里西行，来到罗马城传播基督教，却在公元64年或67年被暴君尼禄倒钉在十字架上残忍地杀害了。公元4世纪初，君士坦丁大帝宣布皈依基督教，想起那位冤死的彼得，自然替祖先感到愧疚，就宣布在他当年传经布道的地方建一座长方形的会堂。君士坦丁大帝死后，这里变成了他的墓地。公元326年，罗马人在君士坦丁大帝的墓上兴建起了一座教堂，它就是世界上最早的教堂之一，史称旧彼得教堂。旧彼得教堂建得很早，但规模太小，于是教皇尼古拉五世就于1450年下达教令，在旧彼得教堂的原址上修建一座大教堂。这座教堂最终于1626年完工，这就是如今人们看到的圣彼得大教堂。实际上，这座教堂在1626年以后仍在不断完善局部，到1784年圣器收藏室建成，才算是彻底落成。如果这样计算，这座教堂前前后后居然用去了334年的时间。

尽管用时长久，圣彼得大教堂最终还是建成了世界上最大的穹形圆顶。由于它是在米开朗琪罗主持下完成的设计，尽管直到他去世后26年才由别的建设师最终建成，但人们还是习惯上叫它米氏大圆顶。由于罗马城中的建筑物都不得超过它的高度，所以至今它仍是罗马城中最高的人工建筑物。

在米氏大圆顶的下边是教皇的祭坛。祭坛为四方形,上面覆盖着一个高约30米的青铜华盖,由4根螺旋形铜柱支撑着,足有5层楼房那么高。华盖的上端是一个装饰着十字架的特大圆球,据说里面能装下10个人。华盖中雕刻着一只展翅欲飞的金鸽,象征着给人间带来福音和好运。华盖前面的半圆形栏杆上点燃着99盏长明灯,永远不熄。而只有教皇才有资格站在这座祭坛上,面对东升的旭日,当着朝圣者举行弥撒。这个祭坛和华盖是著名建筑大师贝尔尼尼耗费9年心血建成的,圣彼得大教堂前的广场和柱廊,也都是贝尔尼尼的杰作。

祭坛前面有个地窖,那里是圣彼得的坟墓,这里也有一件贝尔尼尼的杰作,那就是一把镀金的青铜宝座。它的上方是一把圣彼得坐过的木制传教坐椅,椅背上有两个小天使,手持开启天国之门的钥匙和教皇的三重冠,贝尔尼尼把它铸到铜椅中。铜椅上方的彩色玻璃窗上,一只圣灵信鸽在天使的伴随下,正从金色的云雾中向下飞翔。每天下午,当阳光照在教堂西边的窗户上时,游人们就会惊奇地目睹到贝尔尼尼所精心构思的这个神话境界。

圣彼得大教堂有五扇大门,平常游客都走中门,两旁的神门和灾门整日关闭,再往两边是死门和圣门。圣门每隔25年才能在圣诞之夜开放一次,由教皇领头走入圣堂,意为走入天堂。死门因上面雕有描写圣母的丧事而得名。

通过中门走进能容纳6万人的圣彼得大教堂内部,这里按东西方向分成五个长廊大厅,彼此用巨柱相隔,地面用斑岩铺成,花纹别致。大厅右侧最后一个巨柱附近,有一尊圣彼得的青铜雕像。相传如果触摸他的右脚,就能得到神的保佑交上好运,所以引得游客们纷纷排队去抚摸,结果使得他的右脚磨损太大,明显小于左脚。天主教徒们对圣彼得的尊崇有时甚至会超过耶稣,因为相传耶稣死后,开启天国之门的钥匙就掌管在圣彼得手里。

贡多蒂街位于意大利首都罗马城中，临近西班牙广场，这条街的68号大楼是世界上最小的无领土国家马耳他骑士团的所在地。

6.世界上最小的无领土国

西班牙广场是罗马城中著名的文化区。在离西班牙广场不远的地方，有一条贡多蒂街，意思是"引水道街"。古时候的罗马城水贵如油，为了解决缺水问题，先后修建了12条引水渠道，将几十千米外高山上的泉水和湖水引到城里来。公元前19年，阿格里巴总督修建了一条少女水道，这条水道就流经贡多蒂街，"引水道街"的名字就是这样来的。

贡多蒂街是一条步行街，街道两旁布满了众多的高级商店，但人们最感兴趣的却是这里有一个世界上最小的无领土国。

没有领土怎么能算是国家呢？尽管这件事听起来有些不可思议，却是千真万确的事实。贡多蒂街68号是一座大楼，这座楼里驻扎着马耳他骑士团。这是它的简称，全名是马耳他最高军事团。说起这个团体的历史，要比世界上好些国家还长。早在公元1113年它就在圣城耶路撒冷成立了，其任务是保卫和资助西方到圣城朝拜的基督教徒，但当时前边没有马耳他这三个字。这个骑士团的成员还参加过十字军东征，转战于阿拉伯地区。1310年，随着十字军的失败，它被迫离开耶路撒冷，在地中海的罗得岛上定居下来。1522年，罗得岛被土耳其人占领，骑士团失去了立足之地。数年后，它迁到了现在的马耳他岛上。但是好景不长，1798年拿破仑为了发动埃及战争，侵占了马耳他城堡，骑士团再次无家可归。后来，马耳他岛到了英国人手里，四处流浪的骑士团不得不迁居罗马，意大利著名考古学家安东尼奥·博西奥帮了这伙骑士们的大忙，把贡多蒂街上的一栋大楼无偿地赠送给他们，从此他们就在这里安下家来，也成了有领土的国家。

尽管马耳他骑士团的国土不过是一座楼房，而且还住在罗马市里，但它却享有《国际法》的一切权利，并同世界上的几十个国家保持着大使级或公使级外交关系。在欧洲理事会、联合国教科文组织和其他国际组织内，也都派有代表。马耳他骑士团内部设有元首、首相，还有外交、内务、国库等秘书，俨然是一个小国家。在罗马城中汽车使用的是自己的牌照，还发行自己的护照，印刷自己的邮票。

7.斜而不倒的奇迹

比萨斜塔位于意大利中部古城比萨市内的教堂广场上，兴建于 1174 年，完工于 1350 年，塔高 8 层，全部用大理石砌成，塔高 54.5 米，塔身墙壁底部厚约 4 米，顶部厚约 2 米，塔体总重量达 1.42 万吨。

在历史上，比萨城曾是一个威震八方的公国。相传在 10 世纪时，比萨王国打了一场大胜仗，掠获了大批财宝，装上比萨舰队的战船，运回比萨城来。为了炫耀王国的战功，比萨大公决定建筑一座大教堂。这个教堂是一组古罗马式的建筑，如今仍屹立在比萨市内的教堂广场上。按照建筑群的总体规划，还需要建造一座配套的钟楼。于是，这座钟楼就在距离大教堂 20 多米的地方破土动工了。从刻在塔基上的拉丁文字可以看出，这座塔始建于 1174 年，但由于比萨人古时候所使用的历法比公历早一年，所以它的始建年份应该是 1173 年。

钟塔开建后，建到第三层时就发现它明显向南倾斜，被迫中断工程，先后两次采取加固措施，但毫无效果，只得停工。大约过了漫长的一个世纪，比萨人请来著名的工程师托马索·皮萨诺，他经过精心测量和计算，证明这座塔虽然倾斜但不会倒塌，但他建议把每层南面的柱子略微加高一点，使工程得以按原设计继续施工，直到最后竣工。从远处看去，这座塔好像一个硕大的鸟笼，四周环绕着圆形立柱，底层有 15 根，中间六层各有 31 根，顶层 12 根。斜塔每层都有拱门，总共有 213 个，斜塔底层墙壁上刻有浮雕，顶层有钟亭。塔内有螺旋台阶 294 级，游人拾阶而上，登到塔顶，可以远眺全城风光。

这座塔从建成那一天起就是斜的，塔身中心偏离垂直中心线 2.1 米，而且每年都以 1.25 毫米的速率不停地倾斜，到了 1999 年 1 月，塔顶已偏离中轴线 4.8 米。从塔下

向上望去，斜塔岌岌可危。游人在塔下歇息，都会自觉地离开南侧远远的。据有关专家估计，这座斜塔至多还能坚持250年，最终将因塔身的重心超出塔基外缘而倾倒。

比萨斜塔的名气并不仅仅是“斜”出来的，它还与一桩著名的科学公案紧紧地连在一起。1590年的一天，比萨塔下聚集了一大群年轻学生，一位年仅30岁的学者登上了高塔，他就是比萨大学数学教授伽利略。他手里拿着两个铁球，一个100磅，另一个仅重1磅。如果把这两个铁球同时从高处扔下来，结果会怎样呢？古希腊著名学者亚里士多德断言：重的物体比轻的物体下落得快。伽利略不相信这个结论，他要亲自试一试，还要众人来做个见证。伽利略同时松开握着铁球的两只手，只听“嘭”的一声，一大一小两个铁球同时落地。就是这“嘭”的一声击破了一个曾经被视为万古不变的真理，从此诞生了“自由落体定律”。伽利略走下了比萨斜塔，实验物理的新时代就此拉开序幕，也使伽利略赢得了“近代科学之父”的尊荣。

8.狂欢节的广场

圣马可广场又称威尼斯中心广场，历来是威尼斯的政治、宗教和传统节日的公共活动中心。它长约170米，东侧宽约80米，西侧宽约55米，广场四周布满了文艺复兴时期的精美建筑。

圣马可是耶稣的四大门徒之一，还是圣经《马可福音》的作者。公元828年，有两个威尼斯商人前往埃及，听说那里的教堂要拆，圣马可的遗体无处安身，他俩就决定把圣马可的遗体偷偷运回威尼斯。回航途中，忽然海上狂风大作，眼看着巨浪就要把船打翻了。有人想到船上载着圣马可的遗体，就急忙向他祈祷，请求保佑，居然很快就风平浪静了，这条船顺利地回到了威尼斯。

圣马可广场就是威尼斯人为纪念这件事情而修的，他还被奉为城市的保护神。在广场的入口处，高大的圆柱上挺立着一只展翅欲飞的青铜狮子，它就是圣马可的坐骑，也是威尼斯的城徽。

圣马可的遗体被运到威尼斯时，正是这个城邦最强盛的时候，威尼斯总督决定以圣马可的名义盖一座全世界最雄伟壮丽的教堂。于是，威尼斯人请来了当时最著名的设计师，买来了当时最好的材料，于公元 829 年开始动工。到了 1094 年，这座中世纪欧洲最大的教堂终于落成了。它的右侧还建了一座 100 多米高的钟楼，大钟两侧的金属人能够定时自动地敲响大钟。

圣马可教堂是威尼斯建筑艺术的经典之作。圣马可教堂的内部从地板、墙壁到天花板，都是细致的镶嵌画作，由此而得名“世界最美的教堂”。由于威尼斯气候潮湿，一般的壁画作品很难长期保存下来，威尼斯人就用纯金的金箔把艺术大师的作品拼嵌在墙上，以保证这些作品在潮湿的环境中可以长期保存下来，所以圣马可教堂又被称为“金色大教堂”。

圣马可教堂正面大门面对的是梯形的圣马可广场，由于它面积较大，所以又叫圣马可大广场。圣马可教堂侧面那个广场面积较小，叫做圣马可小广场。圣马可小广场上最有名的建筑是威尼斯总督府。它是以前威尼斯最高行政官的官邸，最早建于 814 年，基本定型于 14 世纪。

每年 2 月初到 3 月初之间的两周时间，一年一度的狂欢节就把圣马可广场变成了欢乐的海洋。欧洲的狂欢节据说都起源于古代的神农节，而威尼斯狂欢节却另有起源。1162 年的初春，威尼斯城邦共和国战胜了附近的阿奎莱亚城邦，称霸一方。为了庆祝这一胜利，威尼斯人走上街头尽情歌舞，一连数日不休。从此，威尼斯人每年这个时候都要举行欢庆活动。

在狂欢节期间，参与者都要戴上面具。威尼斯人热衷于面具，并不是始于狂欢活动。很久以前，威尼斯城曾闹过一场可怕的瘟疫，连医生也束手无策，只能让病人回家等死。后来发现一种草药，只要把它放在鼻子下面，就可以避免被传染。于是，威尼斯人就发明了面具，这样就可以在鼻子下面有较大的空间放草药了。

太阳门广场位于西班牙首都马德里的中心位置，从这里有10条街道呈放射状向外延伸。它虽然不是这座城市的几何意义上的中心，却有西班牙零公里的里程碑，从马德里通往全国各地的交通线路，都以这里作为起点计算里程。

9.举足轻重的广场

太阳门广场旁边最初有一座门，曾经是马德里的东大门，因为它面向太阳升起的东方，所以取名太阳门。太阳门在1570年被拆除了，但马德里人仍然用这个名字来称呼其遗址所在的广场。

太阳门广场曾经在马德里市民的生活中占据着举足轻重的地位。大约从16世纪起，太阳门广场西边圣费利佩教堂门前宽阔的台阶就成了有名的“谣言场”。这个台阶前经常聚集着游手好闲的人，他们热衷于传播社会新闻和谣言。久而久之，这个地方的名气越来越大，一些社会名流、知识分子也来这里凑热闹，西班牙文学大师塞万提斯和戏剧奠基人洛佩·德维加也经常光顾这里。后来圣费利佩教堂被一把大火烧掉了，“谣言场”就移到了广场东面苏塞索教堂的台阶上。直到19世纪马德里的第一张报纸问世了，小道消息没了市场，“谣言场”才不消自灭了。

几百年来，太阳门广场始终是西班牙重大历史事件的见证人。1808年5月2日，西班牙人不畏拿破仑的淫威，在太阳门前浴血奋战，拉开了西班牙独立战争的序幕。1812年资产阶级革命爆发，西班牙议会通过的第一部宪法，最先就是在太阳门广场上

公布于世。

马德里人对太阳门广场情有独钟，这来源于从19世纪一直延续到今天的传统。每逢除夕之夜，成千上万的马德里人便会涌向这里，他们的手里都握着12粒葡萄。当古钟楼上响起辞旧迎新的悠扬钟声时，人们便迅速吞下手中的葡萄，祈愿第二年12个月万事如意，月月交好运。吃过葡萄后，人们便开始饮酒、跳舞、唱歌，欢度佳节，直到第二天的黎明。

太阳门广场保安局大楼楼顶上有一座大钟，马德里人一直以它的时间为标准时间。相当长一段时间里，人们都以到这里来对表为荣耀。有了电台、电视台以后，没有人再到这里来对表了，但马德里人仍然喜欢这座钟楼。

凡是到过太阳门广场的人，都不会不注意到广场中央有座花坛，坛内立着一座青铜塑像，塑的是一头棕熊，正往一棵树上爬。它是马德里的城徽。而说起这个城徽来，还有一段有趣的故事。相传很早很早以前，有个小男孩跟妈妈出来玩，他跳呀蹦呀，走着走着就远离了妈妈。忽然对面来了一只棕熊，小男孩撒腿就跑，棕熊在后面紧追不舍。情急之中，小男孩噌噌几下爬到了一棵大树上。就在这时候，小男孩听到了妈妈的喊声，原来是他的妈妈找来了。小男孩害怕棕熊伤害他妈妈，就冲着妈妈大声喊道："妈妈快跑——妈妈快跑——"这个故事的结尾有两个版本，一个是他的喊声引来了猎人，另一个是他的喊声吓跑了棕熊。不管是哪个版本，这个勇敢的男孩都给马德里留下了一段温馨。

走近西班牙

西班牙位于欧洲西南部伊比利亚半岛，北濒比斯开湾，西邻葡萄牙，南隔直布罗陀海峡与非洲的摩洛哥相望，东北与法国、安道尔接壤，境内多山，是欧洲的高山国家之一。西班牙国旗呈长方形，旗面由三个平行的横长方形组成，上下均为红色，中间为黄色。红、黄两色是西班牙人民喜爱的传统颜色，据说红色代表碧血，黄色代表黄沙，碧血黄沙象征的是西班牙人民酷爱的斗牛运动，从中体现的是英勇顽强、不畏强暴的精神。西班牙国徽的中心图案为盾徽。盾面中心的蓝色椭圆形中有三朵百合花，象征着国家富强、人民幸福、民族团结。

巴特农神庙也称希腊神庙，位于希腊首都雅典城中的阿克罗波利斯山的最高处，从雅典城内的任何一个地方，都能望见它那宏伟庄严的形象，素有“希腊国宝”的美誉。

10.希腊国宝的不幸命运

古时候，希腊的每一座城市都有一个守护神。为了争当雅典的守护神，智慧女神雅典娜与海神波塞冬发生了争执。主神宙斯和众神商定，谁能给人类一件有用的东西，雅典城就归谁。海神说他能给人民以力量和海运，说完他挺起手中的三叉戟，向山顶上一插，顷刻间海浪滚滚，天昏地暗。雅典娜不慌不忙地说，她将带给人民丰衣足食，和平安宁，说罢她用手中的长矛轻轻一划，一棵棵橄榄树破土而出，枝叶繁茂，果实累累。人民自然是欢迎和平，讨厌暴力，于是这座城就归了雅典娜，并以她的名字将它命名为雅典。

举世闻名的雅典卫城就坐落在市区东北部一座名叫阿克罗波利斯的小山上。它是一座古城堡，最早的雅典城就是以它为中心发展起来的。雅典卫城的中心建筑是巴特农神庙。它建于公元前 447 年，用了 15 年的时间才建成，全面地体现了古希腊全盛时期的建筑艺术，被认为是现存古建筑中最具均衡美感的伟大遗址。它全长 228 米，宽 11 米，高 65 米，全部用晶莹洁白的大理石砌成，由 46 根大理石圆柱支撑起来，每根巨柱都向内微斜，这种独特的设计巧妙地矫正了视觉上的偏差。巨柱之间有 96 堵殿墙，刻满了各种神话故事。

巴特农神庙是专门为祭奉雅典娜而修建的，“巴特农”在古希腊语中就是“处女”的意思。神庙正中原来供奉着雅典娜的雕像，高 12 米，它是古希腊著名雕刻家菲迪亚斯用象牙和黄金为材料制成的一件艺术瑰宝，光黄金就用去了 1000 多千克。神像头戴金盔，身披战袍，手执长矛，以盘蛇圆盾护身，一派威武庄严。遗憾的是，公元 5 世纪时，东罗马皇帝强行将它运往君士坦丁堡，此后下落不明。

走近希腊

希腊位于欧洲南部巴尔干半岛南端，包括附近许多岛屿，陆疆同阿尔巴尼亚、马其顿、保加利亚、土耳其为邻。希腊国旗为长方形，旗面由四道白条和五道蓝条相间组成。左上方有一蓝色正方形，其中绘有白十字。九条宽带表示“不自由毋宁死”，这句格言希腊文共有九个音节。蓝色象征蓝天，白色象征对基督教的信仰。公元前 5 世纪希波战争后，希腊城邦进入繁荣阶段，经济贸易兴盛，文化成就卓越，对全世界尤其对欧洲文化的发展产生重大影响。

像世界上许多历史遗迹一样，巴特农神庙也是多灾多难。公元 393 年，它被改作基督教堂。在土耳其人统治时期，它又成了伊斯兰的寺院。几经战乱后，庙内的文物早就被抢劫一空。1687 年 9 月，威尼斯军队用重炮轰击藏在神庙中的土耳其军队，结果引爆了堆放在大殿里的大批炸药，庙顶和庙墙当即灰飞烟灭，爆炸引起的大火又把整个神庙变成一片焦土。历尽浩劫后的神庙中还奇迹般地幸存着一些大理石浮雕镶板，那上边的浮雕全是菲迪亚斯的作品。1801 年，英国的埃尔金勋爵将它们强行运走，这些文物现在都收藏在大英博物馆中。

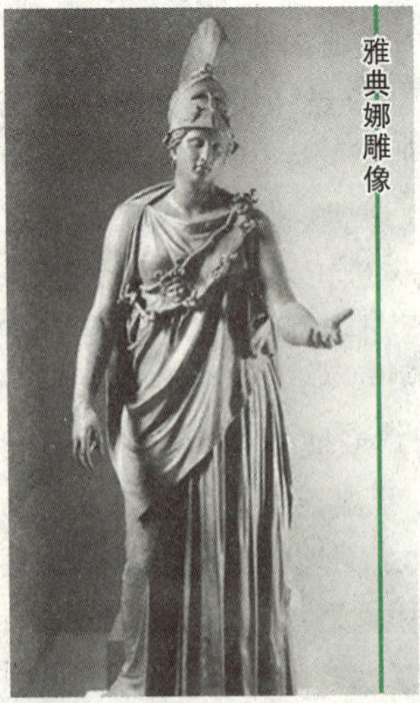

雅典娜雕像

如今的巴特农神庙只剩下断柱残壁，但那直指苍穹的石柱，仍然散发着千古不灭的轩昂气质，令游人发出一阵阵的赞叹。

雅典卫城山上的另一重要建筑是建于公元前 421 年的埃雷赫修庙。它正面的 6 根大理石柱都雕刻成少女的模样，她们头顶千斤巨石，已经在这里亭亭玉立了 2000 多年。为了防止城市废气侵蚀少女们的肌体，雅典人用复制品将它们替换了下来，真品收藏在博物馆的密封室里。

马拉松原为希腊的一个地名，在雅典东北30千米处，这里有河谷、平原、海湾，都以马拉松为名。古代时马拉松一带生长着众多的茴香树，而在腓尼基语中，“马拉松”的意思就是“多茴香的”。

11.马拉松与长跑

公元前491年，波斯皇帝大流士一世幻想不战而降服希腊，便派出使者前往希腊各城邦索要“水和土”，意思是让他们臣服波斯。希腊的一些小城邦惧怕波斯帝国的武力，都屈膝投降了，但希腊最大的两个城邦——雅典和斯巴达却不肯归顺。雅典人把波斯使者从悬崖抛入大海，斯巴达人把波斯使者丢进井里，让他们自己去取“水和土”。

大流士一世恼羞成怒，于公元前490年率军渡海西侵，在雅典郊外的马拉松海湾登陆。雅典人一面加强戒备，一面派传令兵菲迪皮得斯日夜兼程前去200多千米远的斯巴达城邦求助。这位长跑健将只用了一天多的时间便跑到斯巴达，但斯巴达人却以月不圆不能出兵为由拒绝出兵。菲迪皮得斯无奈，只好赶回马拉松复命。

雅典人听到斯巴达人不肯出兵相助的消息后并没有气馁，他们立即把全体公民组织起来，甚至奴隶也编入军队。结果，在外无救兵的情况下，雅典军队以少胜多，打败了波斯侵略军，取得了辉煌的胜利。为了将这一胜利消息尽快告诉给雅典居民，菲迪皮得斯奉命跑步赶回雅典。菲迪皮得斯顾不得路途遥远，一口气从马拉松跑到雅典，到达雅典时他已累得精疲力竭，只说一句“我们胜利了”就倒在广场上，永远地闭上了双眼。

为了纪念这位爱国勇士，雅典人在马拉松修建了一个起跑点。第一届现代国际奥林匹克运动会举办前，法国语言学家米歇尔·布里尔前往雅典考察，他听说了这个故事后，深为感动，就给顾拜旦写了一封长信，建议在第一届奥运会上增设一项以马拉松命名的长跑赛。这个建议被欣然采纳，第一届奥运会马拉松比赛的路线，就是当年菲迪皮得斯所跑过的路线。从此马拉松比赛便风行开来，并且一直作为奥运会的传统比赛项目保留下来。

素有“袖珍国家”之称的圣马力诺坐落在蒂塔诺山的山坡上，这座山有三座较高的山峰，分别建有城堡，城堡之间有城墙相连，它们共同组成了古时候圣马力诺的主要城防屏障。

12.圣马力诺三城堡

论面积，圣马力诺刚过 60 平方千米；论人口，还不到 3 万，称得上“袖珍之袖珍”。然而，圣马力诺却是欧洲最古老的共和国之一，早在公元 301 年就已立国，尽管被四周的意大利国土重重包围，却始终保持着独立的尊严。当年拿破仑横扫意大利亚平宁半岛时，攻城略地，所向披靡，但由于圣马力诺太小了，又敬佩它奇特的历史，他亲自签署了一个文件，承认圣马力诺是个主权国家。这是拿破仑一生签署的唯一一份承认别国独立的文件。拿破仑还慷慨地决定无偿赠送一块土地给它，没料想却遭到圣马力诺举国上下的一致拒绝。

圣马力诺人不想也没有能力去侵犯别人，他们所想的就是如何保全自己，于是，他们在蒂塔诺山上建起了三座坚固的城堡。相传当年在修这三座古堡时，其中一座甚至没有门窗，也没有楼梯，保家卫国的战士们都是顺着绳索爬上去。他们立下誓言：若打不垮敌人，就以身殉国。

蒂塔诺山有三座较高的山峰，分别名以罗卡、切斯塔和蒙塔莱，那三座城堡也就分别以山为名。切斯塔城堡居中，罗卡城堡和蒙塔莱城堡分列左右。罗卡城堡位于蒂塔诺山的山脊上，建于 11 世纪，号称圣马力诺“第一堡垒”。它修筑在悬崖峭壁之上，外围有两道城墙，形势十分险峻。在靠近钟楼的高处，有一把石雕的匕首，那是 13 世纪初艺术大师们留下的代表作。外墙顶上有城垛，拐角处有供防守用的平顶角楼。古堡内的空地上放有若干门大炮，其中有意大利国王赠送的臼炮和加农炮以及几门在第二次世界大战中使用过的新式大炮。每逢节日和盛典，这些大炮就会一起轰鸣，唤起周围群山的集体呼应。

切斯塔城堡位于蒂塔诺山的最高点，两侧悬崖陡立，崎岖嶙峋，与古堡融为一体。

这座古堡的上部以及通往城堡的城门都是16世纪时增建的。早在公元六七世纪时，这里曾做过关押要犯的监狱。14世纪后，它一度被废弃，现在其一部分被辟为“圣马力诺历代火器陈列馆”。

蒙塔莱城堡狭窄而雅致，有“山上宫殿”之称。这个堡垒在历次反抗侵略的战争中都起过重要作用，一遇敌情，堡内便鸣钟报警。这座城堡也曾废弃不用，1935年经最终修复后，它恢复了原始面貌。

13.吸血鬼城堡

布朗城堡俗称吸血鬼城堡，在西方名气极大，称得上家喻户晓。1897年，爱尔兰作家史托克写了一本名叫《德古拉》的小说，风靡一时，发行了数百万册，就是以这座城堡为背景，后来这本书被改编为电影《吸血僵尸惊情四百年》。不管是小说还是电影，讲述的都是一个吸血鬼的故事，这个吸血鬼并不是虚构的，而是确有其人，他就是罗马尼亚历史上著名的伏勒德大公。在小说中，他的名字是德古拉伯爵，而在罗马尼亚文中，“德古拉”的意思就是“魔鬼”。

伏勒德大公生活在15世纪，由于他滥施酷刑，人们就把他描述成世界上头号吸血鬼，他居住的布朗城堡也就变成了吸血鬼的老巢。

看过《夜访吸血鬼》这部电影的人，一定会把布朗城堡想象成恐怖阴森的世界。然而，当你进到城堡中后，就会有一种如释重负的感觉。这里根本不像是吸血鬼逞凶作恶的地狱，反倒像一座富丽的皇宫。制作考究的家具，五彩斑斓的挂毯，还有管风琴。

布朗城堡位于罗马尼亚中西部，距离布拉索夫市30千米。这座城堡始建于1377年，原为用来抵御土耳其人的防御工事。1382年建成后，逐渐成为集军事、海关、行政管理、司法于一身的政治中心。1406年，匈牙利国王将城堡所有权交给罗马尼亚公国大公，后来它数度易手，直到1948年归罗马尼亚国家所有，并于1956年作为历史艺术博物馆对外开放。

原来，这里已经改造成了博物馆，使得当年那座阴森恐怖的城堡徒有其名，而无其实。城堡门口立着一个告示牌，上面写着这样的字样：不许在夜间进入城堡。这多少有些危言耸听，也有做广告的嫌疑。

真正的布朗城堡作为一个严密的战斗堡垒，它那森严的戒备气氛至今仍能感受得到。在它最有特色的四个角楼里，有的储存着火药，有的装有活动地板，一旦发现有敌人向城堡靠近，就兜头一桶热水泼出去，管保让来犯之敌狼狈逃窜。四个角楼之间还有走廊相连，使整个城堡浑然一体，无懈可击，而走廊外墙上那一排排射击孔，则消灭了射击死角，让来犯者无法偷袭得手。

14.永远等待的小美人鱼

在丹麦首都哥本哈根的海滨，矗立着一座著名的美人鱼铜像，它以安徒生童话中的小美人鱼为原型，现今已成为哥本哈根的城市标志。

安徒生创作的童话《人鱼公主》讲述了一个凄美的爱情故事，那位善良的小美人鱼赢得了无数中外读者的同情。卡尔·雅可布森是嘉士伯啤酒公司的创始人。有一天，他在皇家剧院里观看根据安徒生的名作《海的女儿》改编而成的芭蕾舞剧，不禁被小美人鱼的高尚情操所打动。她为了心爱的王子，不惜忍受剧痛变成了人形，但是那位王子最后却和人间的女子结了婚。巫婆告诉小人鱼，只要杀死王子，并使王子的血流到自己腿上，她就可以回到海里，重新过上无忧无虑的生活。她没有这样做，而是在王子新婚之日，毅然投入海中，化为泡沫，永远地消失在她出生的海水里。

看完这部芭蕾舞剧后，雅可布森心绪难平，便找来了雕塑家埃利克森。雅可布森觉得，安徒生的这篇童话已经用芭蕾舞、音乐、油画等形式做了反复的表现，唯独缺少一座雕像。他希望雅可布森能用雕刻艺术，把小美人鱼的美丽和善良表现出来。

为了让埃利克森获得灵感，雅可布森特地邀请他观看了芭蕾舞剧《海的女儿》。据说埃利克森看完演出后，就以舞剧的女主角艾伦·帕丽丝为模特铸成了小美人鱼的雕像。事实并非如此，埃利克森所使用的模特是他的妻子。

1913年，小美人鱼铜像被安坐在海滨公园一块褐色的岩石上。她全身赤裸，披着一头长发，脸上略带羞怯，眉宇间蕴藏着几分忧郁，一双充满深情的眸子总是凝视着海天相接的地方，仿佛在等待着她心爱的王子远航归来。

小美人鱼铜像落成后，就成了丹麦人的骄傲，也吸引了无数的游客。不看美人鱼，不算到过哥本哈根，这已经成了旅游者的口头禅。

阿美林堡位于哥本哈根市区东部欧尔松海峡之滨，是丹麦王室的主要宫殿，丹麦女王夫妇每年之中有多半时光是在这里度过的。每当丹麦女王住在王宫里时，其所在的建筑物上便会升起丹麦国旗。

15.威武的换岗仪式

18 世纪中叶，菲特烈五世在位时，计划建一个新的市中心，又不想自己出钱，就把阿美林堡所在的地皮赠送给了丹麦的四大贵族，要求他们各建一座外观完全相同的宫殿。经过紧张的施工，这四座宫殿在 1754 年至 1760 年期间相继建成。根据设计，这四座宫殿的前面形成了一个八边形广场。1768 年，由法国雕塑家萨利制作的菲特烈五世国王的骑马铜像被安放在广场中央。丹麦的宝隆洋行还用对华贸易赚取的金钱，为这尊铜像修建了围栏。后来，这四座宫殿曾几易其主，但一直由贵族居住。

18 世纪初，当时的克里斯蒂安六世为了追求个人享乐，便将旧王宫夷为平地，在此基础上建造起了一座显赫而舒适的新宫，这就是克里斯蒂安堡宫。1794 年，克里斯蒂安堡被一场大火焚毁，王室便搬进了阿美林堡。从那以后至今，这里就一直是丹麦国王及王室亲属居住的地方。如果你看到阿美林堡上飘扬着丹麦国旗，那就说明丹麦国王呆在宫中哪儿也没有去。

每天中午时分，阿美林堡前的广场上就会被游人塞得水泄不通，其中大部分是外国旅游者，他们是在等待着观看王家卫队的换岗仪式。12 点整，由王家卫队的军乐队打头，后面跟着身穿古代军装的卫队士兵，从兵营整队来到王宫广场，把上午站岗的卫兵替换下来。他们的一举一动威武雄壮，严肃认真，一丝不苟，场面十分好看。遇有重大节庆，骠骑兵团的卫兵们就要身着盛装制服，骑着高头大马，头戴钢盔，盔顶上飘着长长的流苏，左肩披着红色绣金披肩，出现在广场上，场面显得更加热闹而壮观。正因为有了这个仪式，阿美林堡王宫成了哥本哈根最重要的旅游景点之一。

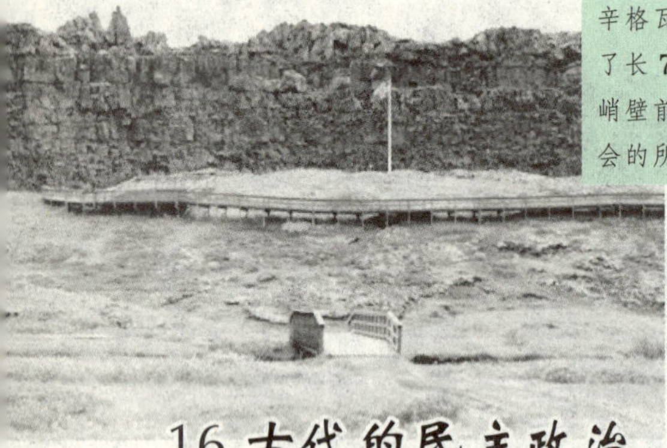

古议会谷位于冰岛首都雷克雅未克东北部 40 千米处的辛格瓦尔德拉湖(又称议会湖)北岸,由于地层下陷,这里形成了长 7000 米、高 30 米的阿尔曼纳加峭壁,古议会谷就坐落在峭壁前边的坡地上。公元 930 年~1798 年间,这里曾是冰岛议会的所在地,还是冰岛人民遇有喜庆大事时聚集庆贺的地方。

16.古代的民主政治

古议会谷一带景色非常迷人，周围群山环抱,湖水碧绿,瀑布飞挂,远处还有壮丽的冰川。到了夏天,这里有翠绿的草地,弯弯的水泊,还有成群的飞鸟,景致更加美丽。

相传最早来这里定居的是挪威人,随后又来了北欧人、英国的凯尔特人,到了公元 10 世纪的时候,这里已经形成了几十个部落式的居民点。公元 930 年夏天,经各居民点推荐选拔,39 名头领来到屏风似的阿尔曼纳加峭壁附近,找到一块空旷平缓的斜坡,共商大事。以后形成惯例,每年的六七月份都要在这里举行一次会议,每次会期为两周,一直持续到 1799 年。冰岛人把这种集体协商的形式称为“众人议会”,这条山谷也由此得名古议会谷,成为冰岛历史上最享有盛名的圣地。

众人议会是世界上最古老的议会,由议事长老和 39 名地区首领以及 9 名其他成员组成,每年开会时,立法会全体成员在草地上席地而坐,他们有权决定采用新法律,解除现行法律。斜坡上有一块平整的大岩石,被称作“法律石”,主持议会的议事长老就站在这上边,背后高高的石壁成了天然的扩音器,他讲的话在场的人都能听得清清楚楚。制定或取消某条法律不是议事长老说了算,要大家发表意见,出现不同意见可以辩论。决定一旦形成后,就由议事长老站在“法律石”上,向成千上万的听众大声宣读。当时的法律没有文字记载,全凭记忆,所以议事长老每年都要向众人背诵三分之一的法律条文,以提醒大家注意。

古时候，冰岛议会还是负责为老百姓解决纠纷的最高权力机关，具有法院的权威作用。百姓们有了什么委屈,都可以带到这里来当场申诉。当时比较普遍的问题就是通奸,古时的冰岛人非常痛恨这种伤风败俗的事情,根据古议会的法律,通奸双方都要受到严惩,男方当场被砍头,女方则被绑上重物沉入水潭。

古议会谷如今看不到什么古代建筑，但这里曾经建立过一座可以容纳数千人的大型建筑,可惜在 18 世纪末期被地震和爆发的火山所摧毁,没有留下任何痕迹。

欧洲中部包括德国、波兰、捷克、斯洛伐克、匈牙利、奥地利、列支敦士登和瑞士八个国家。这里地处欧洲中央，不仅自然条件具有多样性和过渡性，其政治、经济、民族与文化也具有明显的多样性和过渡性。经济发展的总体水平高于东欧和南欧，但是低于西欧和北欧。东欧缺乏明确的定义和边界，一般有地理和政治两种划分方法。地理方面的东欧，指的是较少受大西洋和地中海海流影响，接近乌拉尔山和伏尔加河流域的部分，实际上主要指俄罗斯的欧洲部分和周围的欧洲国家。政治上的东欧是指第二次世界大战后，以苏联为首的欧洲社会主义国家。大多东欧国家以斯拉夫民族为主体，居民多信奉东正教。

漫游世界第五站

东张西望游中东欧

勃兰登堡门位于德国首都柏林市中心菩提树大街和“六月十七日大街”的交汇处，最初是柏林城墙的一道城门，因通往勃兰登堡而得名。现存的勃兰登堡门是一座新古典主义风格的建筑，高26米，宽65.5米，深11米。

1.柏林的象征

公元1753年，普鲁士国王弗里德利希·威廉一世下令修筑共有14座城门的柏林城，其中坐西朝东的那座门以国王家族的发祥地勃兰登命名，这就是最初的勃兰登堡门。1788年，普鲁士国王威廉二世统一了德意志帝国，为表庆祝，下令重建简陋的勃兰登堡门。德国建筑师以雅典神殿的大门为蓝本，建造了一座凯旋门式的城门，并于1791年竣工。为了使这座门更加辉煌壮丽，当时德国著名的雕塑家戈特弗里德·沙多设计了一套青铜装饰雕像：四匹飞驰的骏马拉着一辆双轮战车，战车上站着一位背插双翅的女神。这套雕像被安放在勃兰登堡门的顶端。

1806年10月普法战争爆发，拿破仑率领的法军打败了普鲁士军队，以胜利者的姿态穿过勃兰登堡门进入柏林。拿破仑见了勃兰登堡门上那套雕像心痒难禁，下令将它拆卸下来，拉回了巴黎。1814年拿破仑在滑铁卢打了败仗，普鲁士人以胜利者的姿态进了巴黎，将那套雕像索要回来，重新安放在勃兰登堡门顶上。当年沙多创作的女神手执饰有月桂花环的权杖，因此被称为“和平女神”，而普鲁士民族解放战争的胜利刺激了德意志人的好斗神经，雕塑家申克尔雕刻了一枚铁十字架，镶到和平女神的月桂花环中。从此以后，勃兰登堡门逐步成为柏林的象征，也成为德国国家的标志。

第二次世界大战后，德国被人为地分成了民主德国和联邦德国，柏林也被一分为二，成了东柏林和西柏林。1961 年 8 月 13 日，为了阻止东德人向西德逃亡，东德政府悄悄地实施一项“夜间雾里行动”，修筑了一道带刺铁丝网的水泥围墙，这就是冷战时期著名的柏林墙。柏林墙在勃兰登堡门后画了一道弧线并向左右两边延伸，将整个西柏林团团围了起来，使之成为一个“孤岛”。

1990 年两德统一后，柏林墙被一段段拆除了，如今只有很少几处地方还能看到一些柏林墙的残迹。1989 年 12 月 31 日，两德统一前夕，勃兰登堡门重新开放。1992 年，经过彻底维修后的铜车马及女神像又重新安放在勃兰登堡门上。这一次女神的手里拿的是月桂花，而不是铁十字架，和平女神又回来了！

走近德国

德国全称为德意志联邦共和国，位于欧洲中部，东邻波兰、捷克，南接奥地利、瑞士，西接荷兰、比利时、卢森堡、法国，北与丹麦相连，是欧洲西部邻国最多的国家，边境线全长 3758 千米。德国的国旗呈横长方形，自上而下由黑、红、金(黄)三个平行相等的横长方形相连而成。德国的国徽为金黄色的盾徽。盾面上是一头红爪红嘴、双翼展开的黑鹰，象征着力量和勇气。德国的国花为矢车菊，又名蓝芙蓉、荔枝菊、翠蓝，属于菊科。德国人用它象征日耳曼民族爱国、乐观、顽强、俭朴的特征，并认为它有吉祥之兆。

2.建了数百年的大教堂

科隆大教堂是世界上真正的“胡子工程”，它始建于 1248 年左右，直到 1880 年 10 月 15 日，才举行了盛大的竣工典礼，其建筑工期长达 632 年，创造了一项世界之最。

科隆大教堂中有很多珍宝，而宝中之宝就是供奉在圣坛上那个大大的雕花匣子，用黄金、宝石和珍稀饰品组合而成，里边装着“东方三圣王”的遗骸。相传耶稣降生那一天，东方有三位博士看见天空中出现了一颗无比明亮的新星，就根据它的方位一路

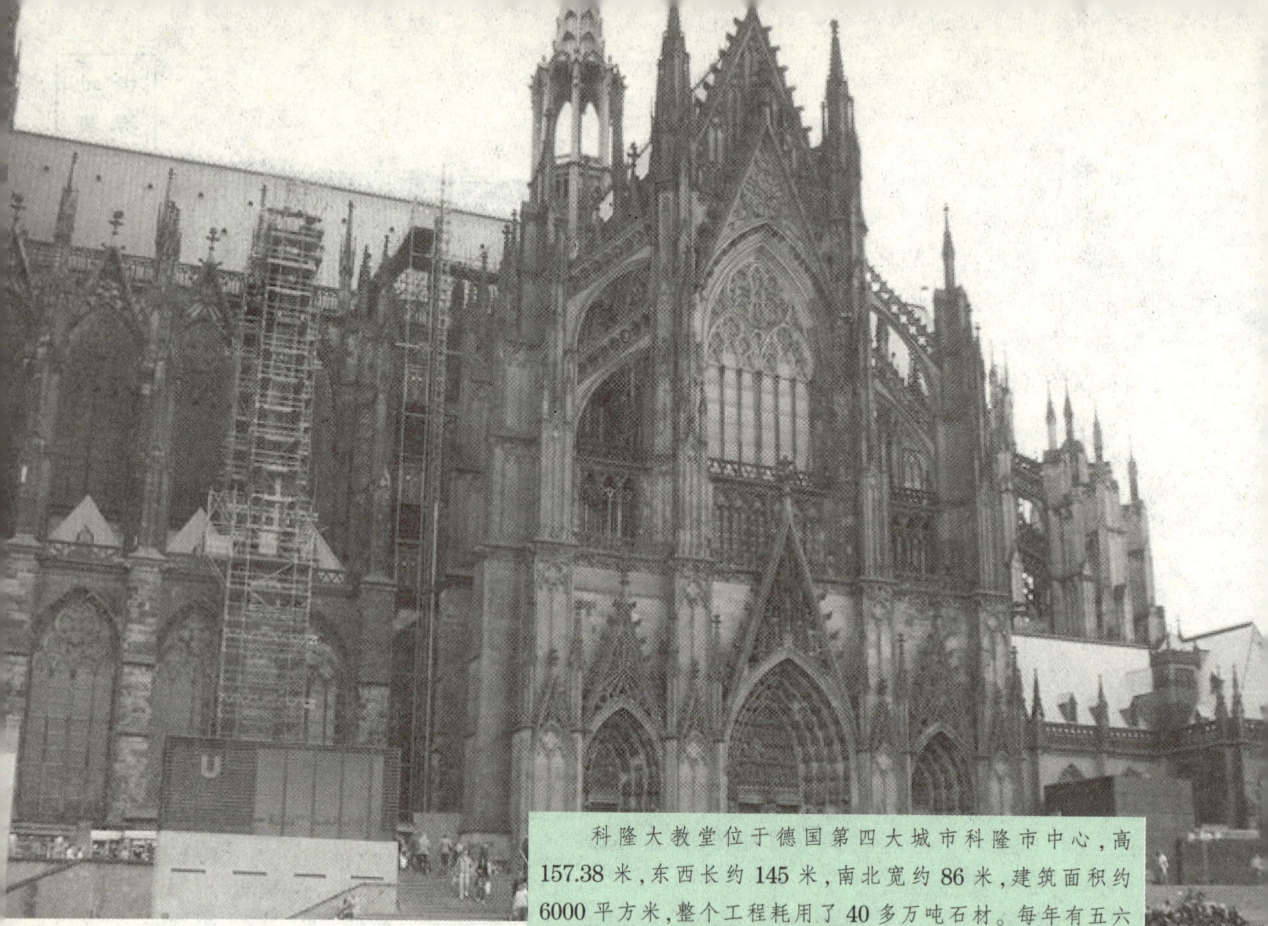

科隆大教堂位于德国第四大城市科隆市中心，高157.38米，东西长约145米，南北宽约86米，建筑面积约6000平方米，整个工程耗用了40多万吨石材。每年有五六百万游客到访，是德国每年游客到访最多的景点。1996年，联合国教科文组织将科隆大教堂作为文化遗产，列入《世界遗产名录》。

找到耶路撒冷，逢人就问犹太人新生的王在哪里。他们最终找到了刚刚出生的耶稣，倒身便拜，又献上了黄金、乳香和没药。因为这个缘故，这三位博士在基督教徒的心目中也变得极其有名，称为“东方三圣王”。1164年，德意志帝国皇帝、科隆大主教莱纳德征战意大利米兰时，抢夺到了一件珍贵的战利品——“东方三圣王”的遗骸。于是，各地天主教信徒蜂拥而至，前来朝拜圣骨，科隆也由此成为欧洲最负盛名的朝圣地。

1238年，法国国王从拜占庭皇帝手中购得了耶稣受难时戴的荆冠，于是巴黎又成了最吸引朝圣者的地方。为了保住圣地的地位，科隆主教团在1248年决定修建一座世界上最大、最完美的大教堂，来供奉“东方三圣王”的遗骸。

1248年8月15日这一天是圣母升天节，科隆地区主教康拉德·冯·霍施塔登选择了这样一个神圣的日子为大教堂举行了奠基仪式。到了1322年，唱诗堂就封顶了，而在此之后，它的前进脚步就急剧放缓，甚至完全停顿了下来。这里既有工程耗资巨大的原因，也有多次战争的阻隔，尤其是“三十年战争”和“百年战争”这两次悠长的宗教战争，使得建筑工程时断时续。就这样一直拖到了19世纪，普鲁士帝国变得强盛起来，德国人极想表现自己的强国地位，再加上包括大文豪歌德在内的许多名人都提议重建大教堂，于是在1842 年 9 月 4 日，由普鲁士国王威廉四世亲自主持，科隆大教堂进行了第二次奠基。

今天人们看到的科隆大教堂高耸入云的双塔，就是以普鲁士帝国的雄厚财富和现代工程技术为后盾建立起来的。15 世纪初，人们曾试图在大教堂的南面并排修一座 58 米高的建筑，但它还未盖成就倒塌了，只剩下一台架在立柱上的木制起重机。新建成的双塔高达 161 米，是全欧洲最高的尖塔，四周林立着无数座小尖塔与双尖塔相呼应。教堂内有 10 座礼拜堂，中央大礼拜堂穹顶高 43 米，中厅跨度为 15.5 米，是目前尚存的最高的中厅。教堂的钟楼上悬挂着重达 2.4 吨的圣彼得钟，被誉为“欧洲中世纪建筑艺术的精粹”。教堂四壁上方有总数达一万多平方米的窗户，全部装着描绘有《圣经》人物的各种颜色的玻璃，色彩十分绚丽。从空中望下去，整座教堂恢弘傲然，难怪二战时期，盟军的轰炸机飞行员竟不忍心往它头上扔炸弹。

3.童话世界中的城堡

德国人一向以古板严谨著称，也许庄严厚重的城堡恰好能与这种民族气质相配。然而，全欧洲最“酷”的城堡居然也是德国人建起来的，它就是坐落在阿尔卑斯山麓的新天鹅城堡。这里河水湛蓝清澈，山谷郁郁葱葱，山脉层峦叠嶂，就在山顶那云雾缭绕之处，美丽而高傲地耸立着一座白墙蓝顶的城堡，它那优美无比的造型，错落有致的尖塔，美得如诗如画，宛如童话王国中仙女居住的宫殿。迪斯尼乐园中的睡美人城堡，就是依据它为原型建造出来的。

如此浪漫的城堡出自一位年轻国王的梦幻，这位国王就是路德维希二世。他充满了艺术家的气质，天性敏感、忧郁，喜好音乐，对天才的音乐家瓦格纳佩服得五体投地。1864 年，18 岁的路德维希二世即位成了国王后，就派遣部下把瓦格纳请进他的皇宫。瓦格纳创作过一部音乐剧名叫《天鹅骑士》，讲述的是中世纪天鹅骑士罗安格林的故事。这部剧让热衷于中世纪骑士精神的路德维希二世十分痴迷，于是开始构想传说中白雪公主居住的地方。新天鹅堡的灵感就是这样产生出来了。

建城堡总要找设计师，路德维希二世却别出心裁地找来了剧院里的画家和舞台设计师，要求他们不用关注细节，只追求利用幽静的自然景色与城堡梦幻般的外形，交相辉映出一个“最接近童话的地方”。

新天鹅堡开工后，路德维希二世常常站在山脚下那座米黄色的城堡里用望远镜观察工程的进展情况。山下的那座城堡是路德维希二世的父亲修建的，称为老天鹅堡。新天鹅堡尚未完工，他就急不可待地住了进去。他的表姐奥地利皇后希茜公主特地送来一只瓷制的天鹅表示祝贺，据说路德维希二世因此就把这座城堡命名为新天鹅堡。

相传路德维希二世一直暗恋着他这位美丽的表姐，他的童年就是和这位表姐一起度过的。就在他对爱情产生了朦胧的感觉时，15 岁的表姐远嫁到了奥地利，后来成了奥地利王后。1867 年，他和希茜公主最小的妹妹索菲公主订了婚。谁也没有料到，就在婚礼的前两天，路德维希二世莫名其妙地取消了婚约。从此以后，他就再也没有动过结婚的念头，整天沉醉于舞台剧的幻想中。新天鹅堡内到处可见画着天鹅的壁画、装饰着天鹅的各种日常用品，就连门把手、盥洗室里的自来水龙头上都能看到天鹅的美丽身影，整个城堡仿佛变成了天鹅的精灵。

新天鹅堡还未完工，路德维希二世又忙着兴建另外两座“神话城堡”，一座是以希腊神话为题材的林德霍夫城堡，另一座是模仿凡尔赛宫建造的基姆湖城堡。为了建这三座城堡，他几乎掏空了国库，激起了国人的强烈反对。1886 年他被迫退位，三天后人们在新天鹅堡山下的施塔贝格湖里发现了他的尸体。

新天鹅堡位于德国巴伐利亚州南部福森市近郊 5 千米的斯华根小镇外，又名福森白雪公主城堡。它坐落在一座三面绝壁的小山上，背靠阿尔卑斯山脉，下临施塔贝格湖，全高约 70 米。这座城堡始建于 1869 年，其设计者是巴伐利亚国王路德维希二世，但他生前未能看到自己的梦想最终得到实现。

维也纳国家歌剧院是“音乐之都”维也纳的主要象征，素有“世界歌剧中心”之称，与意大利米兰的斯卡拉歌剧院、英国歌剧院、美国大都会歌剧院并称世界四大歌剧院。它坐落在维也纳老城环形大道上，原是皇家宫廷剧院，其前身是17世纪维也纳城堡广场木结构的包厢剧院。

4.音乐圣殿的重生

维也纳国家歌剧院始建于1861年，历时8年完工。1869年落成时，首演莫扎特的《魔笛》，人们突然发现歌剧院的地面略低于地平面，于是责难声不绝于耳，皇帝约瑟夫一世也极为不满，两位建筑师因为恐惧先后命丧黄泉。尽管如此，维也纳国家歌剧院仍然被公认为全世界第一流的歌剧院。从它落成的那一天起，就成为音乐圣殿的象征，世界最著名的作曲家、指挥家、演奏家、歌唱家都以能够为在这里演出为荣。

第二次世界大战期间，美军轰炸机的投弹手把维也纳歌剧院高大的绿色楼顶误认为是火车站，结果把它炸得只剩下几处断壁残垣，全城人为之黯然。战后，维也纳人先是在这里搭建临时演出棚，同时倾举国之力重建歌剧院。1955年11月5日，整修一新的国家歌剧院以贝多芬的歌剧《费德里奥》为首演曲目，庆祝歌剧院的第二个春天，剧院内人山人海，盛况空前。

维也纳国家歌剧院每年演出300次晚场，票价很贵，即便如此也需提前预订。至于一年一度在这里举行的除夕舞会，那更是一票难求，最差的站票也要2700先令一张，包厢票高达数万到十几万不等。平常100先令左右一瓶的普通香槟，在除夕舞会上能卖到2500先令。所以，能够出席这个舞会的来宾不是世界各国的政要名流，就是富商大贾。舞会开始时，成百对青年男女翩翩起舞，女着长裙，男穿燕尾服，让人重温古典主义的魅力；而当舞会持续到第二天凌晨5点钟时，全体来宾同时离席起舞，整个大厅顿时变成了舞蹈的海洋，场面极为壮观。

对于没有到过维也纳的中国人来说，很可能把国家歌剧院和金色大厅混淆起来。金色大厅是个音乐厅，里边的栏杆是金色的，风琴是金色的，墙壁是金色的，音乐女神和历代音乐大师的雕像是金色的，就连包厢的大门也是金色的。金碧辉煌的金色大厅属于奥地利音乐之友协会，维也纳交响乐团每季度至少要在这里举办 12 场音乐会。从 1941 年起，这里成了举办维也纳新年音乐会的法定场所。随着电视的普及，全世界的音乐爱好者都有幸聆听到由当代顶尖指挥家指挥演奏的世界名曲，同时一睹金色大厅的风采，于是它的名声就越来越大，甚至盖过了国家歌剧院。

5. 音乐家的长眠之所

从前，维也纳人在为逝世的亲人选墓地时，都希望离自己的家越近越好。于是，地处市中心的圣斯蒂芬大教堂就渐渐发展成了一座城市公墓。奥皇弗朗西斯·约瑟夫二世在位期间，认为这是一个陋习，会助长瘟疫流行的势头，便在 1874 年下了一道命令，禁止市民再把去世者埋葬在市中心。同时，奥皇又下了一道命令，在远离城市的马斯林道夫和斯麦茨地区开辟了一个新的墓地。这座墓地就是如今令无数人神往的维也纳中央公墓。

维也纳中央公墓的中心是一座气势宏伟的大教堂，周围树木葱茏，掩映着按逝者宗教信仰分成的基督教墓区、犹太教墓区和伊斯兰教墓区。中央公墓自建成以来，先后安葬了 250 多万人，这个数字比现在维也纳市的总人口数还要多。由于维也纳市政府有明确规定，凡是去世的名人都可以在这里的荣誉墓区中免费获得一块地方，所以在此安葬和迁葬此地的各界名人不断增加，中央公墓的名气也随之不断增大。然而，真正使中央公墓声名远播的却不是那些名门政要，而是长眠在这里的那些大名鼎鼎的音乐家。

中央公墓坐落在奥地利首都维也纳东南郊，占地 2.4 平方千米。它是维也纳最大的公墓，建于 19 世纪初奥地利帝国皇帝弗朗西斯在位期间，最初只有皇族成员才能埋葬在这里。第二次世界大战以后，维也纳市作出规定，除国家和政府首脑外，凡对国家作出重要贡献而被市政府授予荣誉公民的人，逝世后都可以免费在这里得到一块墓地。

莫扎特纪念碑

著名的音乐家墓地位于中央公墓2号门内林荫道的左侧。首先映入人们眼帘的不是墓碑，而是一座青铜制成的纪念碑。纪念碑的底座正面镶着莫扎特的头像浮雕，碑顶立着一尊音乐女神雕像，低头垂手坐在一摞乐谱稿上，手上还拿着一页未完成的乐谱。音乐女神神情哀切，似乎在为莫扎特贫困潦倒的一生悲叹。莫扎特一生贫穷如洗，据说他病逝的当天夜里，被草草拉到一个贫民墓地埋掉了，亲友都没去送葬，也就不知他身埋何处。也有人说他死后被埋在圣马克斯公墓一侧的乱坟堆里，后来他的朋友们凑钱给他修整了墓穴，并立了一块墓碑。中央公墓中并没有安葬莫扎特的遗骨，只有维也纳音乐之友协会为他修建的这座纪念碑。

莫扎特纪念碑的后面有两座墓碑比肩而立，一个是贝多芬，另一个是舒伯特。贝多芬的墓碑呈锥形，用白色的大理石制成，墓后挺立着雪松和枞树。墓碑中间雕刻着一架金色的竖琴，顶端是一条蛇团团围住一只展翅欲飞的金蝴蝶。蝴蝶象征着渴望自由飞翔的贝多芬，而蛇象征着病魔。贝多芬自26岁开始听力就明显下降，而这对于音乐家来说是最致命的疾病，但任何力量都不能令他屈膝，直到两耳失聪后，他仍然写出了大量传世之作。舒伯特的墓碑也是白色大理石的，高约4米，墓碑上雕刻着一个带翅膀的音乐女神，正在给舒伯特戴上桂冠，小天使正仰脸倾听他们交谈，两只天鹅衔着一架金色的竖琴，优游地浮游在湖面上，使人不由得联想起他最后的杰作《天鹅之歌》。

舒伯特墓

舒伯特比贝多芬小27岁，终生自视为贝多芬的学生，但他直到贝多芬逝世前一个星期，才第一次见到他推崇备至的“老师”。贝多芬的逝世对他的打击极大，就在他为贝多芬葬礼执掌火炬后的第18个月，即1828年10月，舒伯特因伤寒病逝于维也纳，年仅32岁。遵照他的遗嘱，人们将他安葬在维也纳魏林格公墓，贝多芬也安葬在那里。1888年，音乐家之友协会将他们的遗骨一同迁到中央公墓，并为他们修建了较大的墓碑。

贝多芬和舒伯特墓地的斜对面是音乐大师勃拉

姆斯的墓碑，上方雕刻着勃拉姆斯面对乐谱沉思的胸像。这位出生在德国的音乐家小时候很贫穷，但由于成名很早，中年以后就过上了舒适的生活，他才能写出安详迷人的《摇篮曲》。

贝多芬当年的老师、莫扎特的良师益友、号称“交响乐之父”的海顿也安息在中央公墓里。海顿的父亲是一个马车制造匠，母亲是个厨娘，早年曾流落街头，尝尽了世间的艰难困苦。幸运的是，他后来成为匈牙利贵族保尔·艾斯特哈齐侯爵的宫廷乐师，从此有了安定的生活，他的绝大部分作品都是在这一时期创作的，给人以一种宁静、乐观的感觉。

安息在音乐家墓地中从未尝过贫苦滋味的音乐家就是约翰·施特劳斯父子了。作为19世纪奥地利从事作曲与指挥的施特劳斯家族中的成员，他们用美妙的3/4节拍娱乐了维也纳的上流社会，收入自然相当可观。在这几位音乐大师的墓碑中，也数小施特劳斯的墓碑最华丽，就像他创作的华丽的圆舞曲一样。在几位音乐女神的簇拥中，小施特劳斯微笑着面对着他的崇拜者们，仿佛正在哼唱着他的传世之作《蓝色多瑙河》。那婉转悠扬的旋律别说一般人会为之痴迷，据说勃拉姆斯生前听了之后也这样叹息道：“多么美妙的旋律啊，可惜不是由我写成的！”老约翰·施特劳斯的墓地挨着他儿子的墓地，墓碑由黑白相间的大理石制成。

6.冲锋陷阵的美人鱼

正像哥本哈根人以拥有小美人鱼而感到骄傲一样，华沙人心目中永远的偶像也是一尾美人鱼。相传很久以前，有一个名叫奇格蒙特的国王想为王国寻找一个理想的建都之地，就在国土上到处巡游。这一天，他来到了维斯瓦河畔，正在四处查看时，一条人身鱼尾的美人鱼从河里跳出水面，为国王唱了一支优美动听的歌。国王立刻爱上了这个地方，就决定在这里建都，于是问正在河边戏耍的一对渔家兄

华沙美人鱼是华沙的象征，它矗立在华沙维斯瓦河西岸，铜像高约2.5米，1938年建成。

妹:“这个地方叫什么名字?”孩子回答:“没有名字。”国王又问他俩叫什么名字,哥哥说他叫华尔,妹妹说她叫沙娃。国王将他俩的名字连在一起,作为这个地方的名称,就是“华尔沙娃”,中文译为“华沙”。从那以后,美人鱼就成了华沙的象征,被视为这座城市的守护神。

1855年,在华沙古城中心出现了第一座美人鱼铜像。而现在人们经常提及的华沙美人鱼,是耸立在维斯瓦河畔的那一座。1936年,波兰著名的女雕刻家鲁德维卡·尼茨霍娃女士准备创作一尊美人鱼雕像。当时,欧洲上空遍布战争阴霾,希特勒入侵波兰的意图已昭然若揭,怀着对祖国命运的忧虑,尼茨霍娃决心塑造出一位保卫祖国的英雄形象来。这个构思是有来历的。相传很久以前,一位18岁的少女在侵略者的追赶下英勇投河,死后化为美人鱼。多年以后,当侵略者再次入侵波兰时,这条美人鱼拿起武器,手持盾牌,挥舞利剑,冲上战场,最后在与侵略者的搏斗中壮烈牺牲。尼茨霍娃在创作这一雕像时还找到一位模特,她是尼茨霍娃的好朋友,名叫克雷斯蒂娜·克拉赫尔斯卡,年轻貌美,写过许多动人的诗和歌曲。1944年8月1日,在反击希特勒侵略者的全民大起义中,克拉赫尔斯卡像传说中的美人鱼一样英勇地投入了战斗,最终为国捐躯,牺牲时年仅30岁。

1938年,尼茨霍娃完成了她的作品,将它安放在维斯瓦河畔。美人鱼的上身是一位端庄文静而又英俊无畏的美丽少女,下身为鱼尾,右手高举宝剑过顶,左手执盾牌护身,双目凝视着远方,眉宇间洋溢着一股浩然正气,表现出了波兰民族坚贞不屈的性格。

就在美人鱼雕像落成后的第二年,华沙遭到了德国占领军毁灭性的破坏,全城变成一片焦土。就在德国法西斯军队开进华沙前,华沙人民将这尊代表着城市不屈灵魂的珍贵雕像拆卸下来,转移到安全地方深埋起来,使它完好无损地保存了下来。当华沙重新回到人民手中的时候,劫后重生的华沙人又将它竖立在维斯瓦河畔。

坐落在华沙南郊的维兰诺夫宫是一座秀丽的宫殿公园,有“波兰的凡尔赛宫”之称。最初这里是一座庄园,17世纪时被国王索别茨基三世买下,建成了他的郊外别墅。大约在19世纪初,伊·卢博米尔斯卡公主的女婿波托茨基继承了它的所有权。他集中人力财力搜集散失在国外的艺术珍品,在维兰诺夫宫里建起了欧洲绘画陈列馆、波兰人像陈列馆等,供游人参观。宫殿中的哥特式陈列馆里还设有中国房间,专门收藏中国艺术品。

圣十字大教堂位于波兰首都华沙市中心，矗立在国家科学院对面，建成于1696年，中央高耸的双塔完成于18世纪。

7.祖国的心脏

圣十字大教堂被波兰人称为祖国的心脏，这是因为它的命运与整个波兰民族的命运联系紧密。尤其著名的是，在这座教堂里埋葬了许多波兰出色的艺术家和科学家，并且塑制了一系列的雕像，其中包括世界级的音乐家肖邦。1849年，肖邦在法国因病去世，按照波兰的民间传统，一个人死后只有把心脏埋在祖国才算是真正回家了。在海外颠簸了几十年的肖邦生前便立下遗嘱，死后一定要把心脏送回祖国。于是，在肖邦葬礼举行后的第二天，他姐姐便把肖邦的心脏带回了波兰，并将它葬在圣十字教堂左边第二根廊柱中。

第二次世界大战中，波兰不幸成为纳粹法西斯的首攻目标，德军的第一颗炸弹就投在华沙，希特勒甚至扬言要“把华沙从地球上永远抹去”。在这场世界大浩劫中，圣十字大教堂也未能幸免。随着德军的凝固汽油弹从天而降，圣十字教堂大部分被炸毁。就在纳粹的飞机还在狂轰乱炸的紧急关头，圣十字教堂内的神职人员冒着被炸死的危险兵分两路，一路人马去抢救教堂的资料，另一路人马在教堂的断壁残垣下寻找存放肖邦心脏的那只盒子。据幸存人员回忆，当时共有12位圣十字教堂的神职人员加入到寻找肖邦心脏的行动，有七人被炸弹炸死，其中两人是为了保护存放心脏的盒子，用身体挡住炸弹而牺牲的。

1944年，波兰军民举行反纳粹起义，他们以这座教堂为堡垒，坚持战斗了14天，把鲜血洒在十字架下。起义被镇压下去后，德军将圣十字大教堂彻底夷为平地，但在波兰人的心目中，这座教堂已经成为战死者的灵堂。当战争的硝烟散去后，波兰人根据圣十字教堂神职人员用生命保存下来的资料，把这座教堂按原样重新建立起来，肖邦的心脏仍然放归原处。

二战期间，波兰首都华沙曾遭到彻底的毁灭，而克拉科夫却完好地保留着浓厚的古典风味，与14世纪波兰盛世时没有什么两样，甚至有人称它为“永恒之城”。

8.别致的报时方法

如果你想在克拉科夫古城做一次中古之旅，那就从城中心的中央广场开始。几乎每座欧洲古城在市中心都有一座中世纪的广场，为的是便于人们聚集约会，而克拉科夫的中央广场是欧洲面积最大的一个。中央广场周围有许多当地的重要建筑，其中偏于广场一隅的圣玛利亚教堂最有名气。首先是它的高度，虽然只有81米，但由于当地政府有规定，凡新建楼房高度必须在它以下，这就人为地保证了它睥睨的气势。其次是这座教堂哥特式的双塔外形相当独特，高矮也不同，一座顶端好像戴着金色的皇冠，另一座好似戴着插着蜡烛台的瓜皮小帽。相传当年分别由两兄弟各建一塔，以谁建的塔更高为胜者。哥哥眼见得弟弟建的塔越来越高，自己无望撵上，竟然下毒手将弟弟杀死了。

这座教堂还有一个独特的规矩，那就是从来不敲钟报时，而是每隔一个小时就吹一次号，吹到一半时又戛然而止。

关于圣玛利亚教堂别致的报时方法，还有这样一段故事。13世纪时，鞑靼骑兵攻到克拉科夫城下，一名波兰号兵急速地冲到圣玛利亚教堂的钟楼上，吹响号角向全城人民报警。穷凶极恶的敌人气坏了，下令对准钟楼放箭，顿时万箭齐发，英雄的号

克拉科夫古城位于波兰南部，距离波兰首都华沙约300千米，坐落在维斯瓦河畔。公元10世纪末克拉科夫并入波兰国家版图之前，维斯瓦公爵就已经在这里建都。从“复兴者”卡齐米日国王（1034~1058）起，克拉科夫就成为波兰首都。从1320年起，这里又成为历代国王的加冕地。作为波兰最大的旅游城市之一，这里是波兰古迹最为集中的地方。

兵倒在血泊之中。然而，只过了一小会儿，那嘹亮的号声再次响彻云霄，原来是又有一个号兵冲上了钟楼，拾起军号，继续报警。在号声的召集下，全城人民紧急组织起来，奋勇抗敌，终于打退了敌人的进攻，保住了家园。为了永远纪念这位号兵，克拉科夫古城中的圣玛利亚教堂就用号声代替了钟声，而且每一次号声都停止在那个号兵牺牲时吹奏的音符上。每天中午12点，波兰广播电台也用这号声来报时。

圣玛利亚教堂中至今还保存着一把长号，据说就是当年那位号兵吹过的。第二次世界大战结束后，一位美国小伙子来古城旅游，听说了那个号兵的故事，被深深地打动了。他找到克拉科夫市政府官员，这样表示说："我也是个号兵，我要接过这把号，把它吹下去。"他的真情感动了市政府官员，就破例满足了他的要求。没想到，这个小伙子在这钟楼上一住就是40年，一吹也是40年，直到有情的号声和无情的岁月把他变成了一位白发苍苍的老人。当这位老人再也吹不动号的时候，这才提出要告老还乡。消息传开后，无数的克拉科夫市民自发地组织起来为这位老人送别，争相向他表达由衷的敬佩。

9.令人发指的"死亡工厂"

奥斯维辛集中营遗址位于波兰南部，距离华沙300多千米。这里原是一个只有4万多居民的小镇，第二次世界大战期间，德国法西斯在这里设立了它最大的集中营。据不完全统计，从1940年到1944年，大约有400万人在这个集中营中惨遭杀害。

二战期间，波兰是平民死亡人数最多的国家，达到600万之巨，而军队只死了12万人。1940年4月27日，德国法西斯头子希姆莱下令在奥斯维辛建立集中营，两个月后，第一批受害者被运到这里，他们都是波兰人。然而，比波兰人命运更惨的是犹太人，奥斯维辛集中营就是德国法西斯为实施犹太种族灭绝政策而建立起来的"死亡工厂"，仅仅在四年多时间里，就有100多万犹太人在这里惨遭杀害。1945年1月6日，这个集中营执行了

最后一批死刑，被杀害的正是四名年轻的犹太姑娘。

奥斯维辛集中营占地40平方千米，包括三个集中营，其中奥斯维辛是主营，另两个是布热津卡营和莫诺维策营，莫诺维策营又包括40个小集中营，它们全都分布在波兰南部整个西里西亚地区。人们通常参观的是奥斯维辛主营，1947年7月，波兰政府把这里改为殉难者纪念馆，用诸多实证和图片揭露希特勒党卫军在集中营中犯下的种种罪行。

奥斯维辛集中营主营由28幢两层红砖小楼组成，排列得相当整齐。走进第一幢小楼，里边陈列的全是囚犯的遗物，一大堆各式各样的旧鞋，一大堆已经没有玻璃片的眼镜，一大堆破破烂烂的罐子，还有一大堆拐杖。最令人心惊的一卷看上去很厚实的麻布，它竟然是用囚犯的头发做成的。二战期间，德国在战场上的消耗很大，国内物资非常匮乏，法西斯分子就打起了囚犯的主意，不光犯人身上的贵重物品全部被搜走，好一点的衣服鞋袜也被德国兵抢走自己用，差一点的留给下一批囚犯用。囚犯被处死后，金牙被敲下来，脂肪被刮下来做成肥皂，人皮被剥下来制成灯罩，尸体烧完后就当肥料。每个囚犯临刑前，都要先剃光头发，为的是把头发加工成布。1945年1月27日苏联红军解放奥斯维辛集中营时，在这里发现了1.4万条人发毛毯，还发现了纳粹德军没来得及运走的7.7吨头发。

为了能“多快好省”地处决犯人，法西斯建起了毒气室，用五个牛奶锅大小的毒气罐，就可以让2000人当场毙命，而法西斯分子竟然洋洋得意地宣称，他们找到了世界上最省钱的杀人方法。这里最大的毒气室，一次恰恰能毒死2000人，有时一天竟毒死6000多人。

奥斯维辛集中营当年是整个奥斯维辛地区集中营的管理部门所在地，而布热津卡集中营要比它大好几倍，占地200多公顷，能关押9万名囚犯。这里的南大门有一条长长的铁路，一直通向集中营的北端，那里有两座配有毒气室的焚尸炉。那些被希特勒匪徒抓来的男女老幼坐着闷罐货车，源源不断地被运到这里，只有极少数身强力壮的人被挑出来去做苦役（这些人很少能活过一年），剩下的全被送进毒气室，包括刚出生的婴儿，名义是洗澡。

奥斯维辛集中营11号楼和12号楼之间有一面“死亡墙”，因为党卫军当年在这里随意枪杀囚犯而得名。对于这里的囚犯来说，枪决竟然是最奢侈的待遇。尽管这里经常摆满了鲜花，但人们心中的压抑还是无法挥散。早在1979年，奥斯维辛集中营就被列入世界文化遗产保护名单，为的就是让这罪恶的行径不再重演，让后人永远能记住这段历史。

布拉格天文钟挂在捷克首都布拉格老城广场北边旧市政厅的外墙上。它的设计非常独特，每天都会吸引大批来自世界各地的游客前来观看。

10.精美别致的天文钟

布拉格天文钟是一座精美别致的自鸣钟，为它而设的钟楼建于1410年。天文钟分为上下两座，其设计原理来自当时人们对天体运动的认识。上面的大圆盘表示宇宙以地球为中心，太阳、月亮以及其他天体都围绕着它转动，显示年月日和时间，一年转一周，被称为天象仪。下面的大圆盘描绘的是十二星座和农村四季风情，一天走一格，被称为日历仪。每天中午12点整，就会有12个木头做的耶稣门徒缓缓地走出打开的天窗，演出迷你哑剧。等到圣徒们表演完了，天窗就会关上，天窗上面的金鸡扇动翅膀后高声啼叫，宣告报时结束。这时候，还有一个门徒被关在天窗外边，他就是犹大，以此来象征对他背叛耶稣的处罚。

这座走时准确的天文钟常常吸引大批游客驻足观看，而每逢整点报时，人们就会按着钟声校对手表。这里也成了许多电影取材的地点，在施瓦辛格主演的电影《魔鬼末日》中，它就成了影片中时间的主要象征。

几个世纪以来，这座天文钟可谓出尽了风头，可是造钟的工匠却为它付出了残酷的代价。他是生活在15世纪中期的一位普通钳工，名叫汉斯，手艺却是顶尖的，仅仅靠着锤子、钳子、锉刀这样简陋的工具，就造出了这个独特的大钟来。大钟造成后，国王立刻派人刺瞎了他的双眼，为的是不让他动手再造出同样漂亮的钟来。

布拉格城堡建于公元9世纪，此后便成为历代国王的宫殿，如今是捷克总统为外国元首来访举行欢迎仪式和接受各国大使递交国书的地方，又称“总统府”。

11."万国"的特色

万国宫坐落在日内瓦湖畔的一个小山丘上，原来是国际联盟总部的所在地，现在成了联合国欧洲总部，联合国的许多专门机构都设在这里。万国宫对外开放，游客只要花上25瑞士法郎，就可以购买到一张"和平通行证"。

瑞士是个中立国,其中立地位的确定最早可以追溯到19世纪初。拿破仑帝国覆灭后，欧洲战胜国在维也纳召开会议，为防止法国东山再起,确定瑞士为永久中立国,作为法、奥、德、意诸国的缓冲地带。1907年,在荷兰海牙召开的第一次国际和平大会第二次会议上，又以国际公约的书面形式确立了瑞士的中立国地位。中立的立场帮助瑞士赢得了近200年的和平与安定,两次世界大战的战火都没有烧到它的领土上来，而山清水秀的日内瓦就成了召开国际会议最理想的地方。第二次世界大战后，很多国际组织把总部搬到这里,常设机构达200多个,最终使它成为无与伦比的国际城。

作为国际城，日内瓦最明显的标志性建筑就是万国宫。它的主体建筑是一座四层高的会议楼,其正面外墙全部镶嵌着镜面玻璃，远远望去,就好像是一面晶亮的大镜子,而这面镜子中辉映的是日内瓦的湖光山色，景致格外迷人。

万国宫处处体现出了"万国"的特色。外部用的石灰是意大利产的,内部用的大理石是法国、意大利和瑞典产的,地上的棕麻地毯是菲律宾产的。此外,各成员国还为它捐献了各种装饰物和陈设物,最引人注目的是美国政府赠送的青铜浑天仪,它就立在门前的广场上,浑天仪的前边飘扬着一面蓝色的联合国旗。环绕在万国宫四周的大花园里栽种着各种良种树木,它们也是各成员国捐赠的。宫前正门处有个三条腿的椅子雕塑，它是为纪念签署全球禁止地雷公约而竖立的。只有三条腿的椅子站不稳,有了地雷地球也就不安稳,这大概就是它的寓意吧!

克里姆林宫位于俄罗斯首都莫斯科市中心，十月革命前是沙皇的行宫，革命后这里成为苏维埃最高权力机关的工作地点。如今，这里又成了俄罗斯联邦总统的官邸。

12.并排矗立的大教堂

莫斯科最有名的建筑就是克里姆林宫了。它耸立在博罗维茨基山冈上，澄静的莫斯科河从它的脚下潺潺流过。高大坚固的围墙和钟楼、金顶的教堂、古老的楼阁和宫殿，构成了一组无比美丽而雄伟的建筑群。最吸引人眼球的是五个最大的塔楼顶上，各安放着一个巨大的红色玛瑙石五角星，白天能随风转动，夜晚则闪烁着奇光异彩。

克里姆林宫的历史要比莫斯科更悠久，俄罗斯人常说，先有克里姆林宫，后有莫斯科城。公元1156年，苏兹达里大公尤里·多尔戈鲁基用橡木和白石在这里建起了一座小城堡，尽管很不起眼，却是克里姆林宫的前身。“克里姆林”在俄语中就是“城堡”的意思。如今在莫斯科市中心的苏维埃广场上，还能看到这位莫斯科奠基人骑着骏马的铜像。

克里姆林宫内的斜坡形广场上，并排矗立着三座金碧辉煌的大教堂，分别是多棱宫、乌斯宾斯基大教堂和亚尔目格尔大教堂。多棱宫因用多棱形石块砌成而得名。它的二楼上有个正方形的大厅，面积达460平方米，沙皇的宝座就设置于此。伊凡三世大公曾在这里举行过盛大的外国使节招待会，召开过全俄缙绅大会，伊凡雷帝在这里庆祝过喀山并入俄罗斯，而彼得一世在这里庆祝过波尔塔瓦战役的胜利。而每当举行庆典活动时，这里都会灯烛通明，灯火照耀下到处都是珍珠和宝石的闪光。

乌斯宾斯基大教堂也叫圣母升天教堂，它是历代沙皇举行加冕典礼和隆重仪式的地方，伟大的俄罗斯作家列夫·托尔斯泰就是在这座教堂里被革出教门的。这座教堂有五个金色的圆顶，在阳光的照射下，一片金光闪烁。乌斯宾斯基大教堂是由农奴建筑师多罗菲·米亚基舍夫设计建造的。教堂整体被一个两层高饰有金丝镶嵌石头的围廊环绕，创造出一种明亮的效果。

走近俄罗斯

俄罗斯联邦现由83个联邦主体组成，位于欧洲东部和亚洲北部，其欧洲领土的大部分是东欧平原。俄罗斯国旗呈横长方形，旗面由三个平行且相等的横长方形相连而成，自上而下分别为白、蓝、红三色，用以表示俄罗斯幅员辽阔，国土跨寒带、亚寒带和温带三个气候带这一特点。俄罗斯国徽为盾徽。红色盾面上有一只金色的双头鹰，鹰头上是彼得大帝的三顶皇冠，鹰爪抓着象征皇权的权杖和金球。

在这组教堂群的旁边，有一座81米高的伊凡大帝钟楼，它建于16世纪初叶，花了90多年的时间才建成。钟楼重叠五层，冠以金顶，外貌呈八面棱体层叠状，每一棱面的拱形窗口上都放着一座自鸣钟。这座钟楼建成后，沙皇曾下令首都的其他建筑都不得高于它，所以它很长一段时间都保持着莫斯科的第一高度，正好可以发挥其瞭望台的作用。

在钟楼柱脚边的石柱上，安放着一尊巨钟，重200吨，钟面上铸有沙皇的头像以及精美的花纹，号称“钟王”。它铸成于1735年，原打算悬挂在伊凡大帝钟楼上，但由于太重，人们使尽了所有招数也没把它吊上去，只好把它陈列在地面上。

与它命运相似的是“炮王”。炮口的直径为890毫米，可以同时爬进去两个人，重40吨，据称是世界上最大的火炮。它铸成于1586年，原打算把它吊到斯巴斯基塔楼上去，还是因为太重，只得留在距离“钟王”不远的地方。

艾尔米塔什位于俄罗斯第二大城市圣彼得堡市中心的涅瓦河畔，地处宫殿广场，它是世界四大博物馆之一，与巴黎的卢浮馆、伦敦的大英博物馆、纽约的大都会艺术博物馆齐名。

13.奇珍聚皇宫

艾尔米塔什在法语的意思是“幽居之宫”，原属冬宫。冬宫即俄国沙皇的冬季皇宫。从 1754 年开始，意大利著名建筑师拉斯特列里受命在涅瓦河畔为沙皇修建新皇宫，前后历时八年，建成了一座长 280 米、宽 140 米的三层封闭式建筑。外墙以墨绿色为基调，配有金黄色雕刻和白色的壁柱，其色彩组合高贵典雅。皇宫内部的装饰精致华丽，美不胜收，约旦楼梯、乔治大厅和彼得厅堪称俄罗斯建筑史上的典范。

1762 年，叶卡捷琳娜二世登上沙皇的宝座，立即着手修改冬宫室内装潢，并提出建新宫殿用来收藏艺术品的想法。在此后 20 多年的时间里，紧邻冬宫先后建起了小艾尔米塔什、大艾尔米塔什以及连接这些建筑的长廊，形成了一个完整的博物馆建筑群。1764 年，叶卡捷琳娜二世从柏林商人手中购得 225 幅西欧艺术家的油画，存放到了冬宫中的艾尔米塔什中，取名“奇珍楼”。此后，艾尔米塔什的藏品迅速增加，到 1774 年已经超过 2000 件。

十月革命后，苏维埃政府把整个冬宫都拨给艾尔米塔什，1922 年正式成立国立艾尔米塔什博物馆，冬宫反而成了艾尔米塔什的一部分。

作为世界上最大的博物馆之一，艾尔米塔什博物馆的藏品极为丰富，总数多达 270 万件，件件都价值连城。在御座大厅（又称乔治大厅）的御座背后，你会看到一幅俄国地图，它是用 4.5 万颗彩石镶嵌而成的，绝对是天下独一无二的珍品。艾尔米塔什博物馆有 350 间开放的展厅，要想从头到尾走一圈，据说行程长达 22 千米。

美洲是亚美利加洲的简称，位于地球的西半球，自然地理分为北美洲、中美洲和南美洲，人文地理则将之分为盎格鲁美洲（大多使用英语）和拉丁美洲（大多使用西班牙语和葡萄牙语）。巴拿马运河一般作为南北美洲的分界线。美洲的经济发展很不平衡，除了美国和加拿大是经济发达的国家以外，其他都是发展中国家。第二次世界大战后，南美洲经济发展很快，巴西、阿根廷已建立起比较完备的国民经济体系，委内瑞拉、哥伦比亚、智利、秘鲁等国的经济也比较发达。

漫游世界第六站

东张西望游美洲

1.美国的象征

说来你也许不信，作为美国象征的自由女神像不是美国人塑的，而是法国人送来的礼物。

创作这一艺术杰作的是19世纪后期法国的一位雕塑家，他的名字叫弗雷德里克·奥古斯特·巴特尔迪，而最初引起他创作冲动的是他17岁那年亲眼目睹过的激动人心的一幕。1851年，路易·波拿巴发动政变，推翻了法兰西第二共和国。为了阻止政变军队进入巴黎，一群坚定的共和党人在街头筑起防御工事，与政变者展开巷战。暮色苍茫时，只见一位年轻姑娘，手持熊熊燃烧的火炬，跃过障碍物，高呼“前进”的口号向敌人冲去，不幸中弹牺牲，姑娘倒在血泊中。这一悲壮场面让巴特尔迪的心情久久不能平静，那位高擎火炬的勇敢的姑娘从此活在他心中，渐渐地幻化成追求自由的女神。

1865年，巴特尔迪在别人的提议下，决定塑造一座象征自由的塑像，由法国人民捐款，作为法国政府送给美国政府庆祝美国独立100周年的礼物。有趣的是，没过多久，巴特尔迪在一次婚礼上同一位名叫让娜的姑娘邂逅，让娜长得美丽端庄，仪态万方，巴特尔迪认为让她来做自由女神像的模特最合适，让娜欣然允诺。在雕塑过程中，他们之间产生了纯洁的爱情，最后结为夫妻。

在雕塑工作进行过程中，巴特尔迪曾到美国旅行，争取美国人对这个雕塑的支

自由女神像耸立在纽约港外的自由岛上，高46米，底座高45米，是当时世界上最高的纪念性建筑，其全称为“自由女神铜像国家纪念碑”，正式名称是“照耀世界的自由女神”。整座铜像以120吨钢铁为骨架，80吨铜片为外皮，用30万只铆钉装配固定在支架上，总重量达225吨。铜像内部的钢铁支架是由建筑师约维雷勃杜克和以建造巴黎艾菲尔铁塔闻名于世的法国工程师艾菲尔设计制作的。

持，但美国人并没有意识到这一礼品的珍贵。直到1876年，巴特尔迪参加在费城举行的庆祝美国独立100周年博览会，为了引起公众的注意，他把自由女神执火炬的手拿到博览会上展出，结果引起轰动。人们看到这只手仅食指就长达2.44米，直径1米多，指甲厚25厘米，火炬的边沿上可以站12个人。于是，这件鲜为人知的雕塑品顿时身价百倍。不久，美国国会便通过决议，正式批准总统提出接受女神塑像的请求，同时决定把它安置在纽约曼哈顿以西的自由岛上。

为了迎接这位尊贵的客人，美国人做了充分的准备。他们在自由岛上用花岗岩混凝土制成了一个基座，又将混凝土巨柱深深地打入地下，以免出现下沉。

1885年6月，自由女神像在法国被分成200多块装箱，用拖轮从里昂运往纽约。1886年10月28

走近美国

美国全称为美利坚合众国，位于北美洲，地处加拿大和墨西哥之间。现在一共有50个州。美国国旗为星条旗，呈横长方形，主体由13道红、白相间的宽条组成，旗面左上角为蓝色长方形，其中分9排横列着50颗白色五角星。红色象征强大和勇气，白色代表纯洁和清白，蓝色象征警惕、坚韧不拔和正义。13道宽条代表最早发动独立战争并取得胜利的13个州，50颗五角星代表美利坚合众国的州数。美国国徽主体为一只胸前带有盾形图案的白头海雕（秃鹰），它是美国的国鸟。鹰的两爪分别抓着橄榄枝和箭，象征着和平和武力。鹰嘴叼着的黄色绶带上用拉丁文写着“合众为一”，意为美利坚合众国由很多州组成。美国的国花为玫瑰花，象征着美丽、芬芳、热忱和爱情。

日，美国总统克利夫兰亲自主持了万人参加的自由女神像揭幕典礼并发表了讲话。无数群众簇拥在神像周围，怀着激动的心情仰望着自由女神像第一次露出她庄严的面容。

现在就让我们近距离地观赏一番这位漂洋过海而来的女神吧！她双唇紧闭，头戴光芒四射的冠冕，身着罗马古代长袍，右手高擎长达12米的火炬，左手紧抱一部象征《美国独立宣言》的书板，上面刻着《宣言》发表的日期“1776.7.4”。她的脚上残留着被挣断了的锁链，象征暴政统治已被推翻。花岗岩构筑的塑像基座上，镌刻着美国女诗人埃玛·娜莎罗其的一首脍炙人口的诗。

自由女神像不仅可以从外部欣赏，也可以从内部攀登。游人从铜像底部乘电梯直达基座顶端，然后沿着女神像内部的171级盘旋式阶梯登上顶部的冠冕处。为了方便游人，每隔三节旋梯就设置一些休息座，供不能一口气登顶的游客小憩。冠冕处可同时容纳40人观览，四周开有25个小铁窗，每个窗口高约1米。通过窗口向外远眺，东边是高楼大厦林立的曼哈顿岛，南边是一望无际的纽约湾，北边是哈得逊河，整个纽约仿佛漂浮在碧波之上。

华盛顿纪念碑位于华盛顿市中心，处在国会大厦、林肯纪念堂的轴线上，底部面积为39平方米，高169米。

2.第一任美国总统的纪念碑

美国的历史很短暂，但美国人颇为这短暂的历史而自豪，热衷于搞纪念性建筑。在美国首都华盛顿，全城就有数百处纪念性建筑。

华盛顿最有名的纪念性建筑当属华盛顿纪念碑。它坐落在白宫正楼南面大草坪的中部。整个纪念碑呈方尖塔形，高达169米，大有拔地而起，一柱擎天之势，每一个进入华盛顿市区的人，第一眼所看到的总是这座纪念碑。由于它十分高大，所以不少人叫它“华盛顿纪念塔”。它曾是世界上最高的人工建筑物，后来被巴黎的艾菲尔铁塔超过。目前，它仍然是世界上最高大的人工石质纪念碑。

华盛顿是美国第一任总统，开创了主动让权的先例。早在1783年，独立战争刚刚结束的时候，就有人提议建造一个纪念物来表彰华盛顿的功绩，但这个提议因为遭到华盛顿本人的反对而未能实施。华盛顿逝世后，随着时间的推移，美国人民日益认识到华盛顿的历史贡献，为华盛顿建造纪念碑的呼声逐渐高涨。1848 年 7 月 4 日，华盛顿纪念碑安放了第一块奠基石。1885 年 2 月 21 日，一块重约 1.5 吨的石块被安放在纪念碑的顶部，标志着重约 90 854 吨的华盛顿纪念碑全面落成。整个碑身上没有一个字母，其寓意可能是用文字来记载华盛顿一生的伟业是徒劳的。纪念碑内安放着 188 块来自其他国家的石碑，上边却是刻满了各种文字，无一例外都是先描述华盛顿的功绩，再表达敬仰和怀念之意。其中有一块石碑来自中国，它是清咸丰三年(1853)由浙江宁波府负责镌刻的，然后赠送给美国政府。

纪念碑内共有 897 级台阶和 50 个平台，盘旋直上顶端，当年有许多华盛顿人喜欢步行登上纪念碑，以此证明自己身体非常棒。现在已经很少有人这么做了，坐电梯只需 70 秒钟就可直上顶端。这里有八个观览窗口，凭窗而望，整个华盛顿一览无余，所有的重要建筑物都历历在目。每年 7 月 4 日美国独立纪念日的夜晚，都要在华盛顿纪念碑周围燃放焰火，此时你如果站在华盛顿纪念碑顶上，自然会获得最好的观赏效果。

杰弗逊纪念堂坐落在华盛顿潮汐湖畔，为纪念美国第三任总统托马斯·杰斐逊而建，1938 年在罗斯福总统主持下开工，至 1943 年落成。

3.献给总统的纪念

华盛顿的纪念性建筑大部分与总统有关，除了华盛顿纪念碑外，最有名的就是杰弗逊纪念堂和林肯纪念堂了。美国历史上出现过三位最伟大的总统，前两位是华盛顿和杰弗逊，他们都是开国元勋，后一位是林肯，他的伟大功绩在于解放黑奴并维护了国家的统一。

托马斯·杰弗逊是美国的第三任总统，美国历史上最重要的文献《独立宣言》就出自于他的笔下。1934 年 6 月 26 日，美国国会通过决议，拨款 300 万美元，在潮汐湖边建造杰弗逊纪念堂，并为此成立了专门委员会。著名建筑师波普担任设计师，但在纪念堂建造过程中，波普去世了，他的合作者奥托·埃格斯和丹尼尔·希金斯继续波普的使命，最终完成了这座杰弗逊生前喜爱的罗马万神殿式的圆顶建筑。1943 年 4 月 13 日是杰弗逊诞生 200 周年，杰弗逊纪念堂落成并向公众开放。

杰弗逊纪念堂的正面是一排高大的希腊式长立柱，游人在到达这些立柱前，先要爬一个大斜坡台阶，无形中会增加崇敬之感。每年四月，纪念馆旁的潮汐湖畔樱花盛开，配上湖中纪念馆的倒影，景色十分秀丽。

纪念堂大厅中央耸立着高近6米的杰弗逊铜像。身后的佐治亚云石石壁上，镌刻着杰弗逊的名言："我已经在上帝圣坛前发过誓，永远反对笼罩着人类心灵的任何形式的暴政。"站在杰弗逊铜像的位置上，向北拉一条直线，正好能和白宫连到一起。杰弗逊面北而立，他那深邃的目光所凝视的地方应该包括白宫。

纪念堂的北面是大斜坡状台阶，向上仰望，由8根大石柱支撑的门廊山墙上有一组大理石浮雕，表现的是美国独立前夕，杰弗逊等人受大陆会议委任，起草《独立宣言》时的情景。年轻的杰弗逊站在中间，他的左侧是本杰明·富兰克林、约翰·亚当斯，杰弗逊的右侧是另两位合作者罗杰·谢尔曼和罗伯特·利文斯顿。这组石雕像的作者是纽约的雕刻家温曼，他受杰弗逊纪念堂修建委员会的委托，赶在纪念堂落成之前完成了这件作品。

早在林肯刚刚去世两周年的时候，北方各州就提议为他建造纪念建筑物，但是这座建筑应该位于何处，多大规模，什么式样，一直没有定论，所以建造林肯纪念堂的计划一直被搁置。20世纪以后，建造林肯纪念堂的呼声再一次高涨，1911年成立了由前任总统塔夫托为主席的林肯纪念委员会，委员会接受了一位名叫亨得·拜肯的大学生的建议，在与华盛顿国会大厦遥相对应的地方建筑纪念堂，拜肯本人则被选为纪念堂的设计师。这个建议通过后，很多有名望的设计师提出了各种各样的设计方案，有人曾设想将纪念堂建成埃及金字塔那种式样，但是年轻的设计师拜肯坚信自己的设计是合理的，并得到了林肯纪念委员会的坚决支持。

林肯纪念堂坐落在华盛顿国家大草坪西端，碧波如染的波托马克河东岸上，1914年纪念堂正式动工，1922年落成。

1914年，林肯纪念堂正式动工。由于纪念堂所在的河滩地质很软，所以为了打地基花费了很多时间。直到1922年，林肯纪念堂才最终落成。纪念堂用大理石和花岗岩建成，颇有雅典巴比农神庙的遗风。纪念堂外廊四周共有36根石

林肯塑像

柱，代表着林肯在世时美国有 36 个州；纪念堂顶部护墙上有 48 朵下垂的花饰，代表着纪念堂落成时美国有 48 个州。在纪念堂台阶下，向华盛顿纪念碑方向延伸，还配套建成了约 610 米长的倒影池。这样，在林肯纪念堂前东望，倒影池正好倒映出华盛顿纪念碑长长的碑身，看起来更加顶天立地。从华盛顿纪念碑向西望，同样可以发现洁白的林肯纪念堂倒影在水中，更加玉洁冰清，神圣庄严。平日里，倒影池是野鸭、海鸥群集的地方，人鸥相嬉，充满了和平的气息。

走进纪念堂，迎面立着一尊用洁白的佐治亚云石雕刻而成的林肯坐像，高达 5.7 米。坐像非常传神，林肯的目光穿过大门，注视着对面的华盛顿纪念碑，再越过大草坪，直达尽头的国会大厦，其寓意无穷，令人咀嚼。在坐像四周的墙上，刻着林肯的两篇著名演说，分别是葛底斯堡演说词和第二任总统就职演说词。

从 1922 年林肯纪念堂落成之日起，每逢 2 月份的“总统纪念日”，人们都要在林肯纪念堂的台阶上举行纪念仪式，仪式的重要内容之一就是朗读葛底斯堡演说。林肯致力于人类平等，贡献巨大，所以他的纪念堂便成了民权运动的圣地。1963 年 8 月 23 日，有 20 万人聚集在林肯纪念堂东阶外至华盛顿纪念碑前，举行声势浩大的和平集会，黑人牧师马丁·路德·金在纪念堂东台阶上发表演说，它就是永远能够打动人心的《我有一个梦》。

4.西方“影都”好莱坞

好莱坞原是一片荒凉的郊野山区。1887 年，一个叫威尔·科克斯的人在这里投资搞房产，“好莱坞”这个名字是科克斯夫人起的，意为“冬青树林”。1908 年，四处寻找外景地的《基督山伯爵》摄制组来到这里，立即被此地迷人的自然景色吸引住了，很快就搭起了一间小小的摄影棚。谁也没有想到，这随意搭起的小摄影棚日后竟成为名震世界的国际电影中心。到了 20 世纪 20 年代，好莱坞已有了米高梅、华纳兄弟、环球、20 世纪福克斯、派拉蒙、哥伦比亚、联美、雷电华等八大电影

公司。这些公司相继出品了《乱世佳人》《卡萨布兰卡》等经典作品。在娱乐方式还很有限的上世纪中期，这些影片给很多人留下了深刻印象。于是，好莱坞得名西方"影都"。

在好莱坞，有两处特别引人注目的地方，一处是明星大道，另一处是好莱坞的巨大标志。

好莱坞小镇中有一条好莱坞大道，大道两旁的红色水磨石铺设成的人行便道上，镶嵌着2500颗金星，其中有1800多颗已经被刻上了历届获奥斯卡金像奖人员的姓名，如果是电影明星，五星的中央就刻着摄影机；如果是电视明星，中央就刻着电视；如果是广播明星，就刻着麦克风；如果是歌星，中央就刻上唱片。好莱坞大道两旁还有一些影剧院，其中最有名的地方就是中国戏院，它的门前有一块水泥地，众多的大牌明星都曾在这块地下留下过自己的手印、鞋印并签有大名。另外，大道上还有一个蜡像馆，里面的明星塑像一尊尊栩栩如生。如果你有一位仰慕已久的明星，又无缘见到他本人，就可以与蜡像合个影。

好莱坞的标志就是屹立在好莱坞山顶上的Hollywood那几个大字，山下就是好莱坞镇。入夜后，在150米长的霓虹灯的照耀下，这几个大字大放光明，远远地就能望得见。1978年，美国政府专门拨款9000万美元重修好莱坞，光重修这个标志就花费了25万美元。在竣工晚会上，歌唱家安迪·威廉斯等人各自掏出27 777美元，买下Hollywood中的一个字母，给这个标志添了一段趣话。

好莱坞位于美国加利福尼亚州洛杉矶市区西北郊，是洛杉矶的邻近地区。由于当地娱乐工业发达，"好莱坞"一词往往直接用来指美国加州南部的电影工业。

迪斯尼是一座举世闻名的大型游乐园，位于洛杉矶市东南方45千米处，占地65公顷，建立于1955年，创办人是美国著名的动画片制作大师沃尔特·迪斯尼，风靡全世界的米老鼠就是他的杰作。

5.非凡的创意

对于世界各国的孩子来说，他可能不知道洛杉矶，但他一定知道迪斯尼。如今，迪斯尼已经在别的国家开设了“分店”，但正宗的还在美国的洛杉矶。

沃尔特·迪斯尼是一位创意无穷的天才，由于生活在洛杉矶，经常见到前来好莱坞的游人，参观结束后总是意犹未尽，于是就产生了一个想法：在好莱坞电影制片厂对面的几英亩空地上建一座公园，围着公园造一个大村落，让游人在这里有玩有乐，尽兴而归。

1954年，迪斯尼乐园破土动工。在乐园建造的过程中，沃尔特经常来工地查看，还不时蹲下身来，问工作人员有没有考虑过从儿童角度去设计。有一次他乘坐园中的小火车观看各处景观，发现树木会挡住火车上游客的视线，就下令把已经栽下的树重新挖出来后移50米。这样做需要花费很多钱，他的手下有些犹豫，沃尔特却斩钉截铁地说：“一切都要以游客为主。”还有一次，沃尔特看到乐园中的“美国之河”上，“马克·吐温”号正缓缓驶离码头，只剩下几条小船在穿梭往来，显得有些凄凉，他便要求再增加一条大船。不久，大帆船“哥伦比亚”号就出现在“美国之河”上。

1955年7月17日，世界上第一个现代意义上的主题公园——洛杉矶迪斯尼

乐园开张了。它规模宏大，设施齐全，设计奇妙，项目丰富，美国主街、冒险乐园等七大景区，将童话、历史、现实世界和虚幻梦境糅合在一起，构成了一个多姿多彩的人间幻境，从而吸引了大批游客。在开张后的短短6个月时间里，迪斯尼乐园就迎来了300万游客，来访者中有11位国王、王后，24位州政府首脑和27位王子、公主。等到1965年迪斯尼乐园过10岁生日时，游客总数已经达到5000万人。

尽管取得了巨大的成功，沃尔特的创意却没有停止。有一次，他带妻子一起去西印度群岛度假，那里有一个火山岛相传是海盗的巢穴。度假归来后，迪斯尼乐园就多了一个新的游乐项目——“海盗船”。

还有一次，沃尔特去加勒比海的岛国波多黎各，在那里买了一只机器鸟。回来后，迪斯尼乐园中又多了一个新的游乐项目——“啼奇屋”，屋中有许多会唱歌的机器鸟。。他游了一趟南美，乐园便有了“热带雨林”。正因为沃尔特不断地给迪斯尼乐园注入新的活力，它的吸引力才能与日俱增，游客也就越来越多。

进入迪斯尼乐园游玩，你会发现这里非常清洁。为了保持清洁，乐园里不卖口香糖，花生也只卖没有壳的。如果你把脏东西扔到地上，马上就会有工作人员走过来把它捡起来，会让你感觉很尴尬。

华尔街位于纽约曼哈顿区最南端，长约500米，从头到尾有120个门牌号，东邻波光粼粼的东河，西与繁华的百老汇相交，同著名的唐人街只有一箭之遥。

6.世界金融第一街

华尔街的“华尔”是英语“墙”的音译。纽约最初是由荷兰人开发出来的，他们在这里沿河筑墙，“华尔”之名就是这样来的。当年的华尔街是农产品和黑奴交易中心所在的街道，而如今这里却聚集着众多的银行、证券公司、保险公司等金融机构以及大公司的办事处，美国十大银行中的一半以上总部都设在这里，还有上百家专门为金融业服务的机构和设施，世界上约有50%的投资都来自这里，所以华尔街被人们称为“世界金融第一街”。

华尔街非常狭窄，只有11米宽，街道两旁浅灰色的摩天大楼比肩而立，使得这里难见明媚的阳光，抬头只能望见一线天，行走在这条街道上，如同置身幽暗的峡谷，于是它就得到了“人造大峡谷”的别称。

鼎鼎大名的纽约股票交易所坐落在华尔街11号。它只有七层楼高，还被高耸入云的摩根抵押信托大厦和欧文信托大厦夹在中间，初到华尔街的人，连它的正门都找不到。原来，它的正门不在华尔街的主道上，而是藏在了旁边一个不起眼的支道上。尽管如此，谁也不敢小瞧它，因为国际金融业的所有风云变幻都会通过它的“脉动”显示出来。

纽约股票交易所是美国历史上最长、最大且最有名气的证券市场。它诞生在1792年5月17日，当时这个地方还没有大楼，只有一棵老梧桐树，购买了美国政府公共股票的24位商人聚在一起，他们商定，每周要有几个上午在这棵树下进行交易活动，还签订了《梧桐树协定》。1817年，纽约证券和交易管理处在华尔街40号宣告成立，1863年更名为纽约证券交易所。1903年，这家证券交易所迁入百老汇与华尔街交接处的一座希腊式古建筑里。如今在华尔街上还能找到一块醒目的铜牌，上面写着：“纽约股票交易所，这个买卖证券的中心市场建于1792年，为每日聚集在附近一棵梧桐树下的商人所建……”

纽约股票交易所的主要部分是交易大厅，面积约有大半个足球场。除了节假日外，每周交易5天，每天5小时。在这5个小时里，300左右个交易柜台前总是人声鼎沸，万头攒动，平均不到一分钟就能完成一笔交易。

有趣的是，这里竟成为纽约最受欢迎的旅游景点之一。股票交易所二楼上有一条狭长的公共走廊，这里每天对公众免费开放。透过密封的玻璃窗，可以清晰地看到交易大厅里的忙碌场面，只是听不到嘈杂声。

华尔街的标志应该是一座身长5米、体重6300千克的铜牛塑像。它是1989年12月15日凌晨被运到华尔街上来的。当时就立在纽约证券交易所前面的人行道上。为了保证铜牛的安全，警察每晚8时都要在它周围巡逻察看。只过了5天，它就被送到与华尔街斜交的百老汇大街上，在绿色保龄公园里安了家，原因就在于它抢占了华尔街放圣诞树的“领地”。尽管铜牛被搬走了，但人们对它还是念念不忘，似乎只要铜牛在，股市就能永保牛市。

在纽约证交所七楼午餐俱乐部雪茄柜台对面的前厅里，也有一尊雕像，表现的是一头公牛在和一头熊搏斗的场面。这座雕像很耐人寻味，从某一角度看，那只熊好像要压倒它的对手；而从另一角度看，那头公牛对熊的胸脯给予了致命的一击。究竟是牛战胜了熊，还是熊打败了牛，只有仁者见仁，智者见智了。

联邦储备银行地下金库

华尔街上还有一个名气不亚于纽约股票交易所的地方，它就是联邦储备银行，美元就是这家银行发行的。它是一座用巨石垒起的14层大楼，建于1924年，1935年扩建，体现出意大利文艺复兴时代的风格。在这座大楼地下20多米深的地方，有一个全世界最大的“黄金宝库”。整个地下金库约有半个足球场大，以砂岩、大理石和铸铁为原料，打造得固若金汤。金库的唯一入口是一道经过精心设计的“机关门”，由90吨重的钢铁圆柱体和140吨重的钢铁框架组成，还有许多机关操纵，可以在28秒钟内立即封闭。不熟悉全部机关的人，休想把它打开。

穿过这道“机关门”，就进入了黄金重地，金灿灿的金砖堆积如山。这里有122间密室，最大的密室可以存放107 000块金砖。据统计，这座金库里保管着资本主义世界大约三分之一的官方黄金储备，总额达13 000吨，总值若按1981年初的市场价格计算，大约为1750亿美元。

7.美国两大唐人街

纽约唐人街位于曼哈顿区的下东城南端，由五条街道组成，距市政府仅有一箭之遥，毗邻百老汇，与华尔街近在咫尺。

唐人街是英文Chinatown的中文翻译。所谓唐人街，就是华裔比较集中的聚居地，正确的译名应该是中国城，称华埠或中国街也不错。在美国的各大中城市中，几乎都能找到唐人街。纽约有三个公认的唐人街，分别是曼哈顿区的唐人街、皇后区的法拉盛和布鲁克林区的第八大道，其中曼哈顿区的唐人街是全美最大的一座中国城，当人们说到纽约的唐人街时，如果不加特别注明，指的就是这里。

19世纪70年代，一批漂洋过海的华工来到纽约，大多是筑路工人。他们不会说英语，口袋中又没有几块美钞，只好找房租最便宜的地方居住。现在的唐人街一带当年是纽约最肮脏、最破烂的地段，肺结核的发病率最高。经过几十年的发展，唐人街上的华人越来越多，而生存状况却没有改善，反倒越来越糟糕。直到20世纪30年代以后，唐人街才走上了正轨，渐渐地发展起来了。物美价廉的中餐馆，服务周到热情的洗衣店，赢得了很多美国人的欢迎。

唐人街上的中国特色主要体现在建筑上。古色古香的中国式牌楼，画栋飞檐的房屋，就连路边的电话亭也是中国式样的宝塔形。一进唐人街，就是一座方圆150米的广场，广场的前面是一尊孔夫子的青铜塑像。唐人街上还有一尊林则徐的塑像，在他的身上体现的是中国人勇于抵御外侮的民族精神。

与纽约的唐人街一样，旧金山的唐人街也是主要用建筑体现民族特色。在旧金山唐人街的入口处，有一座色彩鲜艳的中国式牌楼。它威严地横跨东西，横匾上是孙中山先生手书的“天下为公”四个大字，左书“信义和平”，右书“忠孝仁爱”。牌楼的顶

旧金山唐人街位于旧金山市中，以沙加缅度街为中心，占地18个街区。在这个区域里，居住着十几万华人，形成了美国最大的华人聚居地，也是海外华人最大的聚居地。

上是中国传统的“双龙戏珠”，在许多旅游指南上它被称作“龙门”。

19世纪中叶，加州地区发现了金矿，中国移民被运来加入了淘金大军，也有不少人去参与修筑太平洋铁路。虽然华工对当地的经济建设作出了巨大贡献，却被当时的政府视为“次等公民”，并规定他们只能居住在特定的区域内。不管怎么样，旧金山的华人还是越来越多，到了1853年，这里的华人已经达到了3000多。他们被当地人拒绝在外，只好结群而居，相互照应，于是就渐渐形成了一个民族特色鲜明的华人生活区。于是，就在当地的报纸上出现了“唐人街”这个称谓，一直沿用至今。

来到旧金山唐人街上，放眼望去都是中国式的建筑，八角楼，琉璃瓦，古色古香。唐人街上到处都是中国式的店铺，有各种杂货店、鱼店、肉店、菜店，还有银行、金铺、餐馆等，外面都挂着硕大的牌匾，牌匾上写着醒目的汉字。

华人在海外打拼，常常是从饮食业起步，旧金山的唐人街也是一样，这里的几条主要街道上竟云集了几百家中餐馆。小餐馆经营风味小吃，大餐馆推出满汉全席，爱吃辣的有川菜馆，爱吃甜的有沪菜馆，爱吃咸有鲁菜馆，虽说做得不如国内地道，但太细微的差别外国人是品尝不出来的。

8.年轻城市的古建筑

加拿大首都渥太华只有100多年的历史，而国会大厦就算是这座城市最古老的建筑了。早在1866年，它就基本上建成了，但是就在加拿大成立50周年纪念日来临之际，1916年的一把大火将国会大厦几乎全部烧毁。那个时候加拿大还没有从第一次世界大战中完全脱身，但为了“维持国会永久地址”的历史感，渥太华人动用了一切人力物力，让国会大厦于1922年在原地原样重现。

新建的国会大厦是一座新哥特式的厚重建筑，分为中央区、东区与西区。在中央区参、众两院的圆形大厅里，摆着威严的英国女王维多利亚的大理石雕像，周围是加拿大早期历届总理的雕像。在东大厅里有按原样重建的加拿大首任总理约翰·亚历山大·麦克唐纳的办公室，可供游人参观。

位于国会大厦前的广场中心有一座为纪念加拿大建国百年而建的长明火台，火台之火点燃于 1967 年的除夕夜，从此一年一年地燃烧下去。火台四周雕刻着加拿大各州的徽章，并记载着它们分别加入联邦的日期。

国会大厦中央耸立着著名的和平塔，高达 88.7 米，被誉为世界上最精致的哥特式建筑，也是国会大厦中最高的建筑。这座塔是为了纪念在第一次世界大战中被杀害的近 67 000 名加拿大人而建的。和平塔的钟楼里收藏有 53 座大钟，总重量达 53 424 千克。每天午后 1 点钟，塔顶就会回响起钟声齐鸣的悦耳声音。钟是新造的，塔是新建的，建塔的石头却是从法国、英国、比利时等地的古战场运到这里来的。用这些石头集合起来表现和平的主题，反映了设计者独特的思维。

游人们一般都选择夏季来国会大厦，因为夏季每天早上 10 点钟，国会山的草坪上都要举行卫兵换岗仪式。这个仪式完全遵照加拿大皇家骑警的仪式来进行。首次仪式是在 1959 年伊丽莎白女王二世视察加拿大时举行的，从那时开始就成了传统，一直沿袭至今。所谓换岗仪式，就是上岗与下岗卫兵进行交接仪式，卫兵们身着深红色的上衣和黑色裤子，头戴黑色皮毛高筒帽，打扮得庄严华丽。这个仪式每次持续约 30 分钟。

加拿大国会大厦位于渥太华上城国会山上，它是渥太华乃至整个加拿大的象征，初建于 1859 年，毁于 1916 年的一场大火。新的国会大厦在原地按照原来的样式重建，于 1922 年完工。目前它是加拿大政府及参议院的所在地。

救世主耶稣雕像位于巴西第二大城市里约热内卢的蒂茹卡国家公园内。这里有一座科尔科瓦多山，高 740 米，山上立着一尊巨型耶稣像，所以这座山又被称为耶稣山。这座雕像已经成为里约热内卢的象征之一。

9.降临人间的耶稣

巴西是一个信奉天主教的国家，全国有 90%以上的人笃信天主教。所以，当里约热内卢大主教提出要建造一座纪念雕像放在里约热内卢以纪念巴西独立 100 周年(1922 年)时，立刻受到广泛的响应。很快，巴西工程师海克多·达西尔法·科斯塔提出的设计方案在政府组织的征集评比中一举夺魁。按照他的设想，在里约热内卢附近的科尔科瓦多山顶上修建一座巨型的耶稣基督雕像，让每一个信徒都能从里约热内卢的每个角落清晰地看到耶稣的身影，让敛眉低首的救世主无比慈悲宽容地望着每一个信徒。

科斯塔的创意赢得了广泛的赞誉，但要想把画在纸上的方案变成现实，还需要走很长一段路，直到 1931 年，这个名列“新七大奇迹”之一的建筑壮举才得以完成。

这座雕像整体用钢筋混凝土堆砌雕塑而成，重量达 1145 吨；总高 38 米，相当于 13 层楼；仅其头部就高 3.75 米，重 30 吨；左右两手手指顶端之间距离为 28 米，每只手重约 9.1 吨；两臂面积约 38 平方米，重 114 吨；塑像基座面积为 100 平方米。从这几个简单的数字中，人们不难想象出它的雄伟壮观。这里还有个因素要考虑进来，那就是它又立在 740 米高的科尔科瓦多山上，把它凭空托上蓝天，更显示出它的凌云气势。科尔科瓦多山是当地人的叫法，因为它的形状好像驼背人隆起的后背，所以得名“驼背山”，而自从有了这座雕像后，人们就都叫它耶稣山了。

耶稣山那么高，耶稣像那么重，如何把它建造起来并安放在山顶上，这的确是一道难题。为了找出解决问题的办法，设计人员、工程师和雕塑家们齐聚法国巴黎，共同商讨对策,制定出了一个周详的计划。由巴西的工程技术人员和艺术家们负责完成雕像的身躯和双臂,在里约热内卢工作;由波兰裔的法国雕塑家保罗·兰多斯基领导一个艺术小组,负责雕刻雕像的头部和双手,在巴黎工作。从1926年开始,保罗·兰多斯基等人就全身心地投入到艺术创作中去。他们一个部位一个部位地进行雕刻,所有的“零件”完工后,再由专家负责运到巴西进行组装。组装后还要往山上吊,不能有一丝半点的磕碰,为了做到万无一失,技术人员专门做了个大箱子,又把它浸泡在溶液里。

1931年10月12日,雕像落成典礼在科尔科瓦多山顶举行,由工程师葛里莫·马考尼主持,因为他是雕像周围照明系统的设计者,所以就给了他这份殊荣。此后,这尊雕像的声誉日隆,主持人的规格也陡然提升。1965年,雕像换上了新的照明系统,仅仅是一个新灯光启用仪式,教皇波比·保尔六世就大驾光临,亲自担任主持。1981年10月12日,举行纪念雕像落成50周年庆祝仪式,担任主持的是教皇波比·约翰·保罗二世。能令教皇亲自出马,足见这座雕像的影响力。

走近巴西

巴西的全称为巴西联邦共和国,首都巴西利亚(巴特尔城)。巴西位于南美洲东南部,同除了智利和厄瓜多尔以外的所有南美洲国家都接壤,是南美洲面积第一大的国家。国土面积约占南美洲总面积的46%,仅次于俄罗斯、加拿大、中国和美国,为世界第五大国。国名巴西在葡萄牙语中意为“红木”。16世纪时,殖民者登上巴西的土地,发现这里生长着一种名贵的树木,从中可提取欧洲难得的红色染料,于是就将这种树称为“红木”,后来演变成国名。巴西的国旗为绿色长方形,中央为黄色菱形,菱形中央是咖啡色圆形。圆形为天球仪,上有白色五色星,象征国家的26个行政区。绿色和黄色是巴西的国色,绿色象征森林,黄色象征矿藏和资源。巴西国徽图案中间突出一颗大五角星,象征国家的独立和团结。巴西的国花为毛蟹爪兰。

10.寓意深刻的议会大厦

萨尔瓦多、里约热内卢都曾做过巴西的首都，但这两座城市都太古老了，人口拥挤，车辆喧嚣，污染严重，很难进行改造和治理。而且它们都是海滨城市，沿海城市易受外敌入侵，作为首都显然不大合适。1956年，库比契克当选为总统后，就决心完成迁都的历史使命。他亲自来到荒凉的巴西高原为新都选址，还亲任迁都总指挥，用10天时间搭建起了一个简易的木房子，命名为卡特迪奥小总统府，以此举表示了总统迁都的决心。

库比契克总统的决心激发起了自全国各地的建设者们的热情，他们冒着酷热，日夜施工，只用了短短三年半的时间，就让一座现代化的漂亮城市在不毛之地上奇迹般地崛起了。1960年4月21日，巴西正式迁都巴西利亚。在开城仪式上，库比契克总统激动地落下了眼泪。

巴西利亚的主要建筑物都具有强烈的寓意性，这一特色在议会大厦上体现得尤其明显。它是两座并列着的28层长方形大楼，由于当地法律规定，城中的任何建筑物都不得超过它的高度，所以它一直戴着巴西利亚第一高度的“桂冠”。议会大厦右侧的大楼是众议院大厦，左侧的大楼是参议院大厦，两座大楼中间有一条过廊，远远望去，整座大厦呈现出一个“H”形。“H”是葡萄牙文“人类”的第一个字母，因此这个造型寓含着“以人为本”和“人类主宰世界”的理念。众议院大厦的平台上平放着一个硕大的“大碗”，参议院大厦的平台上也放着一个“大碗”，不过是倒扣着的。据说，众议院开会是向公众开放的，所以碗口朝上，意味着“开放”；而参议院审议的议题常常涉及国家机密，碗口“倒扣”含有“闭门开会”之意。另一说碗口朝天是“广听民意”，碗口倒扣象征着“集中民意形成决议”。

巴西议会大厦矗立在巴西首都巴西利亚市的核心三权广场上，建于1958~1960年，设计师是巴西建筑师尼迈耶。整幢大厦水平、垂直的造型对比强烈，构图新颖醒目。

五月广场位于阿根廷首都布宜诺斯艾利斯最初的中心地区，1580年由亚松森代理总督胡安·德卡拉伊修建，17世纪时成为耶稣会的建筑。从1810年5月25日阿根廷宣布自治起，这里就成为国家举办所有重大政治活动的场所。

11.共和国的神经中枢

五月广场被阿根廷人视为共和国的神经中枢，其前身是“大广场”或称“胜利广场”，与布宜诺斯艾利斯城同时诞生，至今已经走过了400多年不平凡的路程。1810年5月25日，布宜诺斯艾利斯市民来到这个广场上，宣布脱离西班牙统治，成立拉普拉塔临时政府。从这一天开始，五月广场就成了阿根廷共和国独立的纪念地，也成了阿根廷的象征。

五月广场中心矗立着一座13米高的金字塔形纪念碑，洁白的塔身四面是阿根廷国徽的浮雕，朝东的一面刻有一行金色大字：1810年5月25日。塔顶站立着罗马神话中女神蓓罗娜的雕像，象征着自由解放。周围四座喷泉扬起点点雨星，一群群和平鸽在鲜花和游人之间飞翔，芳草地上一株株棕榈树挺拔茂盛，给这座广场增添了勃勃生机。纪念碑顶最初装饰着花瓶，1856年改建时在塔顶竖立起了一尊自由女神像。她右手握长矛，左手扶着国徽，向着远方遥望。在这里，女神完全成了一个象征，自由不是神赐予的，而是追求自由的战士用鲜血换来的。

在广场的正西面有一座白色的两层建筑，止中是钟楼，拱形门廊分列两翼，具有典型的西班牙殖民时代风格。这座白楼建于1711年，曾是殖民时期布宜诺斯艾利斯市政厅。现在，这座具有历史意义的建筑被辟为博物馆，二楼的议事大厅保留着当年起义者开会时的布置，命名为五月与独立大厅。

广场的东面是一座西班牙式的建筑，它就是被称为玫瑰宫的阿根廷总统府。所谓玫瑰，指的是这座宫殿的颜色。1837年，萨米恩担任阿根廷总统期间，将总统府粉刷成了玫瑰色，即粉红色。当时阿根廷政坛上有两派，一派是联邦派，一派是反对派，联邦派以红色为象征，反对派以白色为象征。萨米恩主张各个政治派别要团结一心，而红白两色混合在一起正好成了粉红色。萨米恩用总统府的颜色，巧妙地宣扬着他

的主张。

在总统府门前，有一座青铜塑像，塑的是阿根廷国旗的设计者贝尔格拉诺将军。他身穿19世纪时的军装，跃马横空，单手高举一面大旗，铜像身后蓝白两色国旗迎风飘扬。广场南北两边的大道外侧是首都大教堂、各政府部门和银行的办公大楼。阿根廷国父圣马丁就长眠在广场西北角的大教堂内。1950年圣马丁逝世100周年时，教堂外墙上点燃了长明灯，称作“阿根廷的火焰”。长明灯下的铜质铭牌上刻着：“这里安放着圣马丁将军和独立战争中其他无名英雄的遗骨。向他们致敬！”在大教堂主圣坛的右面侧厅里，人们可以瞻仰到圣马丁的灵柩。圣马丁的铜棺安放在黑色的大理石基座上，三座大理石雕像分别代表商、工和自由。灵柩的后面立着一个木制十字架，它原先立在圣马丁的法国墓前。在同一个厅内，还有圣马丁的两位战友的墓葬和一个无名战士墓。

12. 巨像的秘密

18世纪初，先后有人宣称在南太平洋中发现了一个神秘的“未知大陆”。荷兰西印度公司得知这一消息后，立刻委派海军上将雅格布·罗格文率领一支探险队前往南太平洋。1722年4月5日这一天，船队正在一望无际的大洋上航行，负责瞭望的水手突然发现远方的海面上影影绰绰地有一个绿点，看上去像是陆地，便立即向船长罗格文汇报。罗格文惊奇不已，因为海图上标明这一带没有任何陆地，于是立即命令船只驶往那里。船只驶近后，他看到了一个岛屿，便在海图上用墨笔记下一个点，因为那天正好是复活节，他便在墨点旁边注上“复活节岛”的字样。

根据罗格文的描述，他登岛时岛上的居民不懂得使用铁器，甚至连最简单的工具都不会利用。这就提出了一个疑问，既然如此，小岛南部靠近岸边的地方那几百尊石

像(当地人称之为“莫埃”)是什么人留下的呢？这一座座高大的石像全都背朝大海，上面刻着人物和飞鸟鸣禽的花纹。它们的面部表情十分生动，有的安详端庄，有的怒目而视，有的似乎在沉思默想，也有的满脸横肉，杀气腾腾。奇怪的是，这些雕像没有一尊像佛教的弥勒佛那样开怀大笑。这些石像都是用整块石头雕成的，大的足有10米高，小的也有5米左右。有的石像头上还戴着巨大的石头帽子，耳部有长长的耳垂。

几百年来，为了揭开复活节岛巨像的秘密，人类学家、民俗学家、语言学家、民族志学家、地质学家、考古学家、海洋学家，甚至火山学家等做了大量的研究和考察工作，提出了各种推测，但至今也没有形成定论。

一部分专家人认为，大约在一万年前，这里存在着一块太平洲古大陆，这块大陆上文明相当发达，生活在这块大陆上的人不仅会使用火，掌握了高超的建筑本领，而且还创造了文字。后来发生了一场大地震，古大陆遭到沦陷，只有复活节岛幸免于难，岛上的石雕像就是那个时代的遗迹。

还有一部分专家认为，世界上根本不存在什么太平洲古大陆，复活节岛上的石像必然是天外来客留在地球上的纪念物。他们的这种推测也有根据，那就是假使有过那样一片古大陆，以当时地球人的水平，即使能把这些巨像雕刻出来，却休想把它们运走。

也有专家认为，复活节岛本身就是一座孤岛。在很早以前，南美大陆的印第安人曾居住在这里。拿岛上的石像和南美或中美洲的文物相比较，就会发现它们是很相似

复活节岛位于南太平洋波利尼西亚群岛的最东端，东距智利西岸3700千米，西距皮特凯恩岛1900千米。全岛长22.5千米，宽仅其半，面积约120平方千米。

的。后来，波利尼西人侵入复活节岛，把印第安人赶跑了，巨像的雕刻工作也就戛然而止。在拉诺-洛拉科火山脚下杂草丛生的采石场上，横七竖八地躺着三四百座未完工的石像，其中最大的一尊高20多米，重约数百吨。人们在这里还发现了许多石锛、石斧和石凿等工具，散乱地丢在荒草丛中，好像雕凿工作是突然停止下来的。如果事情真是这样，应该留在当地人的传说中。遗憾的是，19世纪后期，秘鲁的奴隶贩子掠走了岛上1000多名土著，包括末代国王和岛上的“圣人”。没有人确切知道这批人的下落。后来，不知是什么人把传染病带到了岛上，使岛上剩余的居民全都死光了，一部可能存在的口头历史也就到此终结了。

马丘比丘城堡位于秘鲁南部库斯科西北120千米处的高原上，海拔2400米，占地13平方千米。城堡的两边都是悬崖峭壁，下边是湍急的乌鲁班巴河，地势十分险要。据考古学家估计，这个城堡早在2000多年就已经出现了。

13.神秘的古城

马丘比丘城堡始建于何时，已经没有人说得清楚了。大概早在公元前，印加人就在这一带休养生息了。据说在公元9世纪初，印加人在高山之巅用花岗岩石块建造起了一座宏伟的都城。在印加语中，“马丘比丘”就是“古老的山顶”的意思。后来由于人口激增，食物和饮水都出现了困难，这里的居民就迁移到了库斯科高原，在那里用花岗岩石块修筑了一座新的城市，它就是印加帝国的首都库斯科。

16世纪时印加帝国发生内乱，西班牙殖民者乘虚而入，占领了库斯科，庞大的印加帝国从此灭亡。西班牙殖民者听说，印加帝国的幸存者带着一大批金银财宝，逃进了这个帝国最神秘的古城马丘比丘，就在安第斯山脉的群山丛林中展开了近乎疯狂的搜寻，但最终一无所获。

1911年，美国哈佛大学的历史教授海勒姆·宾加曼只身来到秘鲁，寻找传说中印加贵族在西班牙人占领时期所建立的藏身之所，但踏遍青山，茫无头绪。有一天，他听说在乌鲁班巴河附近有一处废墟，便央求一个土著带他去。那土著嫌山高路远，不想带他去，但听说宾加曼要付给他一索币(合五十美分)，就高兴地答应了。宾加曼本以为只能看到几座小石屋，万万想不到他的眼前冒出来一大片城垣。尽管这座古城已被遗弃了数百年之久，但那些用石块堆垒而成的建筑几乎没有受到破坏。这些巨

大的石块全都重以吨计，却经过了精细的加工。更不可思议的是，那些不同形状的巨石，都被巧妙而精确地相互拼合到一起，石块之间没有使用任何黏合物，却紧密到想用小刀插进去也难。再看它的城墙，全都用巨大的花岗石建成，迤逦壮观，气势磅礴，宛如一道屏障，有“秘鲁长城”之称。还有，这座城堡坐落在两座绝峰中间的一座低矮削平的山峰盆地上。为了把全城近200座建筑连接起来，也为了打开与外界的通道，印加人在陡峭的山崖上凿出了几千个台阶，远远望去，就好像登天的梯子。

这座城堡到底是干什么的呢？这是马丘比丘城堡最大的谜。有人说它是用于军事的堡垒，有人说它是印加人供奉太阳神的神庙。考古学家普遍认为后一种可能性更大一些。印加人崇尊太阳神，这座城堡的正门就叫太阳门。城中还有一个半圆形的建筑，曾被认为是印加人的天象观测台，实际上它是太阳神庙。根据印加人的习俗，太阳庙要由才貌出众的未婚少女管理，她们都是从贵族家庭中挑选出来的，而一旦进入太阳神庙中，就终身隐居于此，死后就葬在这里。

14.“太阳之路”上的纪念碑

赤道纪念碑分为新旧两座，旧碑建于1936年，位于圣安东尼奥镇，在厄瓜多尔首都基多以北24千米处。新碑建于1982年，位于西经78°27′8″和纬度0°交叉点处的埃基诺西亚尔山谷中，周围环绕着皮钦查山脉。

厄瓜多尔号称“赤道之国”，在西班牙语中，厄瓜多尔就是“赤道”的意思。到了厄瓜多尔，也就意味着马上就要到达地球的中线，从南半球跨越到北半球了。

3000多年前，印第安人是赤道之国的主人。那时候印第安人就发现，每年有一段时间房子根本没有影子。他们逐渐地悟出，没有影子的原因是太阳从头顶正上方走过。到了公元七八世纪，印第安人在厄瓜多尔这一带建立起了基多王国，这时候他们的天文知识已经变得很丰富了。他们尊太阳为最高神祇，又根据太阳的投影来记录和研究太阳的活动，还捕捉到了一条阳光照射最多的线路，印第安人把它称为“太阳之路”，而把基多称为“地球的中心”。在“太阳之路”上，印第安人建造了一座圆形无顶的太阳观察台，还有一座太阳神庙，用来举行祭神和庆祝活动。

1744 年，由法国、西班牙和厄瓜多尔的科学家联合组成的地理测量团，经过反复测定，最终证实当年印第安人所建造的观察台，就是太阳一年两度跨越南北半球的必经之地，也就是说，这里是赤道经过厄瓜多尔的一个点。在巴黎科学院的倡议下，人们在这里设立了一个标志。为了使这个标志能够永久地保存下来，厄瓜多尔政府于 1936 年在圣安东尼奥镇上建起了一座花岗岩的赤道纪念碑。它高 10 米，碑身呈正方形，四面分别刻有西班牙文字母 E、S、O、N，表示东南西北四个方向。碑上镌刻着 18 世纪以来对测量赤道线作出过贡献的地理学家的名字，下端刻着“这里是地球的中心”的字样。碑顶是个石刻的地球仪，地球仪的腰部有一道白线，和纪念碑东西两侧台阶上的红白两色线相连，这就是赤道线。假想的赤道线将真实的地球划分成南北两个完全相等的半球，所以厄瓜多尔人把这座赤道纪念碑称为“世界之半”。慕名而来的游客们都喜欢将双脚分别跨在赤道线两侧摄影留念，以示自己同时站在南北两个半球上。

在当地一些商店的门口都设有自动磅秤，供好奇的游客称体重用。假如有人同时在南极点和赤道各称一次体重，他会发现结果能相差 4 千克之多。这是什么原因呢？原来，地球是扁平的，赤道线是最鼓的部分，也是地球最厚的部分，所以引力要弱一些。

随着科学技术的发展，人类对地球的认识不断深化，联合国教科文组织多次对赤道线进行复测，发现原先测定的赤道线有误差，精确的赤道线应该位于基多以北 27 千米的地方，于是就在 1982 年 8 月 9 日，在这里落成了一座新的赤道纪念碑。

新碑矗立在距离旧碑不远的埃基诺西亚尔山谷中，周围环绕着皮钦查山脉，二者外形雷同，但新碑要比旧碑大 3 倍。碑柱和碑座也呈四方形，高 30 米；顶端也有一个地球仪，直径 4.5 米，重 4.5 吨。碑的东面刻着如下字样：西经格林尼治 78°27′8″，纬度为 0°。碑身内部分 10 层，设有电梯，可直达碑顶。每层还辟有展览厅，用多种展品介绍厄瓜多尔各省的地理、文化和风土人情。碑顶设有瞭望台，站在碑顶的平台上，可以远眺安第斯山区的风光。碑前有一条长长的甬道，两旁树立着曾经为赤道研究做出过贡献的著名科学家的雕像。

特奥蒂瓦坎古城位于墨西哥首都墨西哥城东北处 40 千米处，坐落在波波卡特佩尔火山和依斯塔西瓦特尔火山山坡谷底之间，面积达 250 公顷，是印第安文明的重要遗址。这座古城建于公元 1 世纪至 7 世纪，有着“众神之城”的美称，以几何图形和象征性排列的建筑遗址及其庞大的规模闻名于世。

15. 不同的金字塔

在印第安语中，“特奥蒂瓦坎”就是“众神信徒得道之地”的意思，或者说是“众神之城”。公元 12 世纪时，阿兹特克人长途迁徙来到了这里，发现这是一座空无一人的城市。阿兹特克人认定特奥蒂瓦坎古城必定是众神居住的地方，城中纵贯南北的大道两旁的建筑都是众神的坟墓，于是就给它起名“黄泉大道”，也被称为“死亡大道”。

特奥蒂瓦坎古城遗迹的主要组成部分就是太阳金字塔和月亮金字塔，它们分别位于黄泉大道的东侧和北端。太阳金字塔是特奥蒂瓦坎古城遗址中最大的建筑，大约建于公元 2 世纪。它的造型为四边形层叠平台，每层向上收缩，坐东朝西，用土和石头堆砌而成，高 65 米，南北长 222 米，东西宽 225 米，总体积约为 100 多万立方米。用来建造金字塔的巨石并不规则，大多呈深褐色，也有土黄色的，所以整个金字塔呈现出一种深沉的暗色调。金字塔的顶部原有一座 10 米高的太阳庙，现已完全毁坏。正面共有 236 级台阶，可直通塔顶。在太阳金字塔一侧的广场右边，有一片住房，供管理太阳金字塔的祭司们居住。广场北端有一座华丽的“太阳宫”，是太阳金字塔最高祭司的宫殿。

月亮金字塔的造型与太阳金字塔完全相同，但比后者晚建成 150 年，高度也远远低于后者，只有 46 米高，但由于它的地基比较高，因此两塔顶端的高度处在同一水平上。月亮金字塔的塔基宽 150 米，也分 5 层，体积为 37.9 万立方米，比太阳金字

塔小多了。月亮金字塔下是月亮广场，中央有一座四方形的祭台。

对于这两座金字塔的用途，科学家们迄今也没有得出一个统一的结论。为了解开这个谜团，考古学家甚至动用了最先进的介子探测器，对金字塔内部拍摄透视图，结果发现太阳金字塔的地基底下是个天然溶洞，溶洞尽头的密室里存放着不少古代祭祀文物，但没有棺椁。因此他们认为，与埃及的金字塔不同，特奥蒂瓦坎的太阳金字塔不是国王的陵寝，而是一个祭神的场所。

根据史料记载，特奥蒂瓦坎城的居民最早出现在公元前800年，他们很可能是来自墨西哥西部和墨西哥湾的纳瓦人和托托纳卡人。到了公元450年，特奥蒂瓦坎已经成为当时美洲最大的城市，也是世界上的大都市之一。而到了公元8世纪初，这座古城突然被废弃成为废墟，居民也随之全部消失了，好似人间蒸发了一般。有人说这是外族入侵、焚毁所致，还有人说这是瘟疫流行的结果，也有人说这是内部的争斗导致了全面的崩溃。

16.羽蛇神的故乡

玛雅人是一个富有神秘色彩的民族，没有人知道他们起源于何处，只知道他们所创造的文明达到了登峰造极的地步。然而几乎在一夜之间，玛雅人突然同时抛弃了繁华一时的都市，散入丛林中一去不回。后人对此百思不解。

如果你想寻觅玛雅文化的遗迹，首选之地就是奇琴伊察古城。在玛雅语中，“奇琴伊察”的意思是“伊察人的井口”。伊察人就是玛雅人，早在五六世纪时，伊察人在这里找

奇琴伊察位于墨西哥东南部的尤卡坦州，距离尤卡坦首府梅里达100多千米。公元10世纪时，这里曾经被定为玛雅新王朝的首都，现存676座古代建筑物，主要集中在一个南北长3000米、东西宽2000米的地带里，形成了尤卡坦半岛上最大的玛雅文化遗址，有“羽蛇神的故乡”之称。

到了两口天然水井，在一个只有季风才能带来雨水的干旱土地上，水井的珍贵可想而知，伊察人就在靠近水井的地方定居下来，从此这里就得名奇琴伊察。他们用其中一口水井的水灌溉农田和饮用，而把另一口奉为“圣井”，用来祭祀雨神。每到春季，都要举行盛大的祭献仪式，由国王将一名14岁的美丽少女投入这口通往“雨神宫殿”的圣井里，让她去做雨神的新娘子，同时由祭司和贵族们把各种黄金珠宝投入圣井，以示诚意。就这样一年年积累下来，这口圣井自然成了一口聚集着巨大宝藏的宝井。19世纪时，有个名叫汤普逊的美国人在奇琴伊察城中找到了一处神秘的人造洞穴，里面有死人的骸骨，还发现了无数用玉石和宝石雕刻的花瓶、用珍珠制成的项链和腕链。有人认为它就是那口“圣井”，但也有人认为真正的“圣井”早已被玛雅人填平了。

玛雅人不仅崇拜雨神，更崇拜“库库尔坎”。在玛雅语中，“库库尔坎”的意思就是“带羽毛的蛇”，即“羽蛇神”。奇琴伊察城中心有一座最显眼的建筑，它就是奇琴伊察人为了祭祀他们的主神库库尔坎而建起的金字塔。它的底部刻有张着大嘴的蛇头，高1.43米，长1.87米，宽1.07米，长长的舌头从张开的嘴巴中伸出来，而蛇身则隐在金字塔的阶梯断面内。每到春分(3月21日)和秋分(9月22日)，当阳光照射在金字塔东侧时，金字塔的阶梯两侧就会呈现出由光和影组成的羽蛇图案。它沿着阶梯如波浪般徐徐游动，宛如一条巨蛇从天而降，最后融入一片光明之中。这种“光影蛇形”的奇观，至今令人惊叹。

库库尔坎金字塔不仅体现出了玛雅人的宗教信仰，也显示出玛雅古建筑的历法意义。它由塔身和神庙两部分组成，塔高30米，塔的四面各有91级台阶，四面共有364级，加上最上层的平台，正好是一年的天数。塔的每个侧面都整齐地排列着52块雕刻的石板，而52这个数字正好对应着玛雅人的一个历法周期。

与其他玛雅人建立起来的城市一样，奇琴伊察也有球场，而且是中美洲同类建筑中规模最大的。它长约百米，宽约60米，四周有围墙，纵向的围墙底部装饰着图案各异的浅浮雕。玛雅人建这么大的球场当然是用来打比赛的，不会是为了娱乐。围墙上的浮雕中有一个场面，刻的是一位球员惨遭砍头的情景。由此看来，这里进行的比赛很可能是一种带有宗教色彩的仪式，输的一方要付出掉脑袋的代价。

瓜达卢佩圣母堂位于墨西哥城东北郊的瓜达卢佩圣地，分为新旧两座。旧瓜达卢佩圣母堂建于1706年，新瓜达卢佩圣母堂于1976年竣工。

17.改造的圣母

西班牙殖民者用剑与火征服了印第安人后，又想用十字架改变土著人的信仰。他们每到一处，首先就是大兴土木建造教堂。尽管西班牙的传教士很卖力气，但收效甚微。

相传在1531年12月12日这一天，一个名叫胡安·迪亚戈的印第安青年，在墨西哥城外的特佩亚克山上看到了身披白色长袍的圣母玛利亚，她先后出现了四次。圣母消失后，荒地里长出了一束玫瑰花，胡安把玫瑰花采回去，他母亲的病竟然不治而愈。

这个故事一传十，十传百，很快就在印第安人中间流传开来。西班牙传教士觉得这是一个很好的机会，就特地把显灵的圣母玛利亚改成印第安人习惯的名字——瓜达卢佩，还把她的肤色改成与印第安人相似的褐色，又专为这位圣母修建了教堂，规定每年12月12日为瓜达卢佩圣母节。

这一招果然灵验，从1521年西班牙征服墨西哥后，过了整整10年，西班牙信奉

瓜达卢佩圣母画像

的天主教也未能在印第安人中形成多大影响，而瓜达卢佩圣母堂建成后不到7年时间，竟有800万以上的印第安人皈依了天主教。瓜达卢佩圣母成了墨西哥人民心目中的主要保护神，瓜达卢佩圣母堂还被罗马教皇认定为天主教三大奇迹教堂之一。每逢礼拜日，这里就被虔诚的信徒挤得水泄不通，为了表达对圣母的尊崇，许多信徒竟用膝盖跪在教堂内的石板路上，一点点向前挪动。每年12月12日瓜达卢佩圣母节来临时，信徒们都要来到这里举行宗教仪式，还要载歌载舞热烈欢庆。

1976年，墨西哥人民仅仅用了一年多时间，就在瓜达卢佩旧教堂相毗邻的地方建起了一幢现代化的宗教建筑。新教堂比旧教堂大10倍，建筑面积为2万平方米，可容纳2万人。新教堂采用现代化体育馆所常用的圆形建筑结构，远远望去好像是一把撑开的蓝色巨伞。“伞面”用漂亮的方形巨柱支撑起来，教堂外围的停车场能停放1000多辆汽车。新教堂大厅内没有一根柱子，从各个角度都能清楚地看到大理石砌成的大祭台。

瓜达卢佩圣母堂中最珍贵的物品就是悬挂在祭台正中墙壁上的圣母画像和她头上的那顶王冠。画像2米长，1.1米宽，用金、银、铜三层镜框镶嵌。画像上面挂着的金银珠宝王冠重达15千克，据说是1895年为圣母举行加冕仪式时，墨西哥城的贵族妇女将自己心爱的金银珠宝捐献出来，又请来18位手艺高超的首饰艺人，精心加工制成。这顶王冠已被政府作为国宝收藏，现在挂在新教堂内的是复制品。

18.太阳神指示的地方

宪法广场的左侧有一尊雕塑，一只兀鹰叼着一条蛇，站在一株仙人掌上。这尊雕塑表现的是墨西哥城起源的一个传说。相传在14世纪时，墨西哥人的先民阿兹特克人为了寻找适宜的生存环境，在部落首领的率领

宪法广场位于墨西哥城中心，又称中央广场或“索卡诺”广场，“索卡诺”在西班牙语中是“台基”的意思。

下，开始向南方迁徙。临行前，太阳神告知他们，如果在某个地方看见一只凶猛的兀鹰叼着一条蛇，而且停在绿色的仙人掌上，那儿就是他们的家园。经过长途跋涉，有一天，阿兹特克人终于在一个荒凉的岛上看见太阳神所描述的神奇景象，部落首领马上命令众人就地安顿下来。不久，这里就出现了一座城镇，它就是墨西哥城的前身——特诺奇蒂特兰。

宪法广场正中竖立着一座巍峨的纪念碑，它是为阿兹特克人的最后一位君主夸特莫克建立的。1521年5月30日，西班牙殖民军首领科尔特斯率队围攻特诺奇蒂特兰城，他们切断了城里的淡水供应，封锁了城中的给养。在国王夸特莫克的率领下，印第安人喝含硝的水，吃草根、草籽、马蹄莲，与西班牙人苦战了三个多月。眼见得败局已定，夸特莫克毅然决定用自己的生命来换取整个部族的安全。他带着两个随从，划着一条小船来到西班牙人的营地。他摸着科尔特斯的短剑说："我已为保卫我的国家尽了全力，既然我没有好运，那么就请杀死我吧。"科尔特斯逼迫他说出阿兹特克人财宝的下落，他拒绝透露部族的最高机密，结果被西班牙人用火烧之后绞死。纪念碑两侧的浮雕艺术地再现着夸特莫克当年忍受火刑的场面。夸特莫克死后，他的人民并没有逃脱厄运，数以万计的阿兹特克人惨遭屠杀。

宪法广场周围环绕着众多风格各异的高大建筑，有国民宫、市府大厦、博物馆和拉美最大的大教堂，它们代表着墨西哥城建筑的最高水平，也浓缩了墨西哥民族辉煌的历史。

阿兹特克人称霸中美洲时，曾在今天的宪法广场东北角建起了一座神庙。西班牙人到来后，直接在它的废墟上盖起了一座主教大教堂。这座教堂花了300年时间才建成，因为拖的时间太久，以至于它的风格变得异常繁杂，从巴洛克式到哥特式，再到文艺复兴式、新古典式等等，全都混杂到一起，堪称世界建筑史上的一大奇观。墨西哥以前生产金银，这一点在这座大教堂里也有所体现，五个主要祭坛都被装饰得金碧辉煌，令人眼花缭乱。

国民宫

宪法广场东侧是四方形的国民宫，它的外表用红色的火山岩砌成，远远望去，就好像一只熊熊燃烧的火炬。从国民宫一层入口到二楼的东、西、北三面墙上，有一个300多米长的画廊，世界著名壁画大师迪戈·里维拉的杰作《墨西哥的历史与未来》就绘在这里。它高约五六米，长达数十米，表现了1000多个人物，全景式地展现了墨西哥沦为西班牙殖民地前的印第安社会到20世纪的全部历史。墨西哥城号称"壁画之都"，这幅壁画使它的美称更加名不虚传。

漫游世界第七站

东张西望游澳洲

大洋洲又称澳洲。澳洲是澳大利亚洲的简称。“澳大利亚”一词来源于西班牙文，意思是“南方的陆地”。人们在南半球发现这块大陆时，以为这是一块一直通到南极洲的陆地，便取名“澳大利亚”。后来才知道，澳大利亚和南极洲之间还隔着辽阔的海洋。大洋洲的范围有狭义和广义两种，狭义的大洋洲仅指太平洋三大岛群，即波利尼西亚、密克罗尼西亚和美拉尼西亚三大岛群；广义的大洋洲除三大岛群外，还包括澳大利亚、新西兰和新几内亚岛，共约一万多个岛屿。大洋洲有 14 个独立国家，其余十几个地区至今尚在美、英、法等国的管辖之下。

悉尼歌剧院位于澳大利亚新南威尔士州的首府悉尼，矗立在贝尼朗岬角上，紧靠着世界著名的悉尼大桥，三面环海，南端与市内植物园和政府大厦遥遥相望，又称海中歌剧院。它于1959年3月破土动工，历时14年，耗资1亿多澳元，1973年10月落成揭幕。整个建筑占地1.84公顷，长183米，宽118米，高67米，相当于20层楼的高度。

1.橘子皮带来的灵感

悉尼歌剧院由歌剧厅、音乐厅、休息厅三大部分组成，它们并排而立，建在一个南北长186米、东西宽为97米、海拔19米的钢筋混凝土结构的基座上，各由四块白色的壳顶组成。前三块一个盖着一个，最后一块背向海湾侍立，看上去就像是两组打开盖倒放着的蚌。远远望去，又像巨型的白色帆船，行进在蔚蓝色的海面上；细细观看，好似群帆泊港，或如白鹤惊飞，还像莲花盛开。这新颖奇特的造型不仅雄伟瑰丽，又富有多种象征意义。

这个天才的创意来自丹麦建筑师乌特松。20世纪50年代，澳大利亚总理凯西尔有个担任乐团总指挥的朋友，他建议由政府出资建一座歌剧院，凯西尔欣然应允。消息传开后，220多名世界各国的建筑师都为此进行了精心设计，乌特松也为这个未来的歌剧院的造型冥思苦想，把自己整天关在房间里。有一天他扒完橘子，顺手把橘子皮扔在茶几上，然后一边嚼着橘子一边来回走动。突然，他一眼看见了那个微微散开的橘子皮，顿时产生了灵感。但也许是乌特松的设计过于草率，因此未能进入10个候选方案之中。然而，评委会对于那些候选方案都不满意，偏偏从被淘汰的方案中选中了乌特松的设计，并预言它一定能变成一座名扬当代的伟大建筑。

方案确定后，却在实施过程中遇到了不可克服的困难。那巨大的薄壳虽然很美观，但多次理论计算和试验都宣告失败，没有成为现实的可能性。乌特松只得退而求其次，用钢筋混凝土肋骨拼接的三角瓣壳体代替原来的设想。就在工程顺利进展的时候，悉尼歌剧院坚定不移的支持者凯西尔总理猝然去世，新上台的自由党政府以

工程造价超过了预算的五倍为理由，不肯拨出建设资金。乌特松不肯为了钱的问题与人家吵翻，一怒之下就离开了悉尼，而且终生没有再踏上澳洲的土地一步。

乌特松离开悉尼的时候，歌剧院的主体结构已告完成，所以这座建筑还是体现出了他的设计意图，并于1973年最终落成。悉尼歌剧院自启用以来，就成为全世界最大的表演艺术中心之一，每年在这里举行的表演大约有3000场，观众达200多万。除了圣诞节和耶稣受难日外，这里每天开放16个小时，平均有10个不同的活动项目，旅游者、观众从早到晚络绎不绝。

悉尼歌剧院中有两大表演场所，一个是可以容纳2679名观众的音乐厅，另一个是拥有1547个座位的歌剧厅。音乐厅通常用于举办交响乐、室内乐、歌剧、舞蹈、合唱、流行乐等多种表演；歌剧厅通常用于歌剧、芭蕾舞和舞蹈的表演。此外还有一个小型戏剧厅和剧场，分别可以容纳544名与398名观众。另有一个用来上演实验剧目的微型剧场。

音乐厅的特别之处是它的正前方有一架号称全世界最大的机械木连杆风琴，由10 500个风管组成。歌剧厅的内部陈设新颖而华丽，墙壁一律用暗光的夹板镶成，以避免演出时墙壁反光。舞台上配有两幅法国织造的毛料幕布，华丽之极，一幅用红、黄、粉红三色构成图案，犹如道道霞光普照大地，名叫“日幕”；另一幅用深蓝色、绿色、棕色组成图案，好像一弯新月隐挂云端，称为“月幕”。舞台灯光有200个回路，全由计算机控制。悉尼歌剧院的白色屋顶是用100多万片瑞典陶瓦铺成的，前些年维修时换下了8500块旧瓦，被收藏爱好者们以每块130澳元（约合67美元）全部买走。

在壳体开口处的旁边另立着两块倾斜的小壳顶，它的下边是贝尼朗餐厅，这个餐厅可以接纳6000人以上，正好与歌剧院的庞大客流量相配。能够在这样一个大公共餐厅里吃一顿饭，也算是平生中难忘的经历。

走近澳大利亚

澳大利亚全名为澳大利亚联邦(Commonwealth of Australia)，首都堪培拉，名义上的国家元首是英联邦元首，即英国国王（或女王），由英王任命澳大利亚总督为其代表。澳大利亚国旗的左上角为英国国旗图案，表明澳大利亚与英国的传统关系。下面为一颗较大的白色七角星，象征组成澳大利亚联邦的六个州和联邦政府。旗的右边为五颗白色的星，其中一颗小星为五角，其余均为七角。五颗小星代表南十字星座（澳大利亚人看得最清楚的星座）。澳大利亚国徽左边是袋鼠，右边是鸸鹋，这两种动物都是为澳大利亚特有的。澳大利亚的国花是金合欢。

2.世界第一大巨岩

尽管乌卢鲁国家公园地处偏僻，这里还是每年都能吸引了来自全世界各地的数十万游客，因为公园内有一块世界上最大的整块不可分割的单体巨石，据说距今已有5亿年历史。它东高宽而西低狭，形状好像两端略圆的长面包，色泽赭红，表面光溜溜的，在周围空寂无物的红色平野中央，它毫无征兆地拔地而起，显得突兀，而孤独中又带有君临天下的霸气，给人以壮观而又神秘的感觉。它的岩面上有无数平行的直线纹路，中间有一条纵向的凹陷，相传这是传说中蛇女爬过的痕迹。

当地人管这块巨石叫乌卢鲁，意思是“大地之母”，也有人说意为“庇难及和平的地方”。在地图上它还有一个名字，叫做“艾尔斯岩”。1873年，一位名叫威廉·克里斯蒂·高斯的测量员横跨这片荒漠，就在他又饥又渴的时候，眼前突然冒出一块巨石来，他当时还以为是一种幻觉。高斯来自南澳洲，就以当时南澳州总理亨利·艾尔斯的名字命名这座石山。但这个名字在当地极少被使用，土著人叫它“乌卢鲁”已经有好几千年了。

艾尔斯岩之所以有名，不仅因为大，还因为它能“变色”。每天凌晨，当熹微的晨光穿过远处的天际，向空旷的沙漠中投射来第一丝光线，这块巨岩就会从漆黑色变成淡紫色，渐渐显出轮廓。随着太阳逐渐升高，巨岩的颜色不断变化，从嫣紫、绯红、深红转为淡红、金黄，令人目眩神迷。黄昏时，夕阳西下，如火的巨石逐渐暗淡，由红转紫，黯然没入黑暗之中。当沙漠中下起大雨时，据说巨石会变成黑色，好像在向人们诉说着它的威严。

来到乌卢鲁国家公园游览，很多游人都想揣块石头留作纪念。有趣的是，那些被揣走的石头又源源不断地从世界各地被寄回来。许多寄件人附信称，红色岩石给他们带来了坏运气，因此决定物归原主。公园的管理人员称，“几乎每天都能收到这样的包裹”，他们负责把这些石头碎片重新放回到艾尔斯岩上。

乌卢鲁巨岩坐落在位于澳大利亚北部炎热的内陆沙漠地区乌卢鲁国家公园内，高348米，长3000米，基围周长约8.5千米。在地质学家的眼里，它代表着特殊的构造和侵蚀过程。

瑙鲁位于太平洋中西部，北距赤道约41千米，东离夏威夷4160千米，西南隔所罗门群岛距澳大利亚悉尼市4000千米，地理坐标为南纬0°32′、东经166°55′。全岛长6千米，宽4千米，面积24平方千米。它是世界第三小国，又是全世界最小的岛国。

3.鸟粪变宝贝

1798年，英国人乘坐海轮“猎人”号来到瑙鲁岛上，吃惊地发现这里的岛民生活太悠闲了，成天不是打牌就是下棋，再就是凑到一起晒太阳聊天，也有人干脆啥也不干，饿了就去捕鱼猎鸟。“猎人”号的船长约翰对这里的人们羡慕极了，就给这个岛取名为“快乐岛”。1888年德国人占领了瑙鲁岛，取消了“快乐岛”这个名字，恢复了“瑙鲁”这一当地人的称呼。

瑙鲁全岛只有一条狭窄的可耕土地，没有河流，淡水奇缺，居民喝水就得靠老天。英国人看不出这个岛屿有什么利用价值，就在19世纪30年代将一批犯人流放到瑙鲁岛上。德国人成为这个岛屿的主人后，只是把它当成船队的停泊地，也没有发现它能派上别的用途。1900年，英国的一家磷矿公司得到一块来自瑙鲁岛的石头，意外地发现它是富含磷酸盐的矿藏。瑙鲁岛上有一大片丘陵，占去了全岛的大部分地面，上面长着灌木。谁也没有想到，这片丘陵全是磷酸盐矿藏，据估计约有1亿吨。

这么多的磷酸盐是从哪里来的呢？原来，瑙鲁岛被大洋所环抱，为鸟类提供了理想的栖息地。千万年来，有数不清的海鸟来到这个小岛上，留下了大量的鸟粪，经年累月，鸟粪变得像石头一样，但磷的成分还保留着，形成一层厚达10米的优质肥料，人们称之为“磷酸盐矿”。世界上有许多岛屿上有磷矿，也都是这样形成的。磷酸盐是一种含磷很高的矿藏，在化工上有好多用处，它还是重要的农业肥料，农作物施用磷肥后，可使作物颗粒饱满，提前成熟。

瑙鲁岛藏有磷酸盐宝藏的消息传开后，立刻引来了很多掠夺者。在这里采矿非常容易，不用勘探，不用挖洞，只要平排挖去，就能用“土”换钱。

1968年1月30日，瑙鲁宣布独立，同时付出800万英镑，将磷矿的开采权从外国人手里赎了回来。有了自己的磷矿，瑙鲁人很快就过上了富裕的生活，1991年时，国民人年均收入高达2.25万美元，成为世界上人均收入最高的国家之一。岛上只有一条不足20分钟车程的环岛公路，可是每户居民至少有两辆汽车，而且必有一辆是豪华车。瑙鲁政府又是世界上最慷慨的政府，对岛民一分钱的税也不受收，而且医疗、教育全部免费，如果有病岛上医生看不了，政府会出钱让国民乘飞机去澳大利亚看病。

图书在版编目(CIP)数据

世界地理经典故事300/李静,程绍虹编译. —大连:大连出版社,2009.5
ISBN 978-7-80684-758-9

Ⅰ.世… Ⅱ.①李… ②程… Ⅲ.地理—世界—普及读物 Ⅳ.K91-49

中国版本图书馆CIP数据核字(2009)第049027号

责任编辑:徐 斌 李 萤
封面设计:金啸宇
版式设计:英 伦
责任校对:金 琦
责任印制:阎 骋

出版发行者:大连出版社
地址:大连市西岗区长白街10号
邮编:116011
电话:0411-83621171 0411-83621049
传真:0411-83621170
网址:http://www.dl-press.com
电子信箱:cbs@dl.gov.cn
印 刷 者:大连金华光彩色印刷有限公司
经 销 者:各地新华书店

幅面尺寸:180mm×230mm
印 张:10
字 数:250千字
出版时间:2009年5月第1版
印刷时间:2009年5月第1次印刷
印 数:1~5000册
书 号:ISBN 978-7-80684-758-9
定 价:20.00元